LES FATWAS DE CHARB

PETIT TRAITÉ D'INTOLÉRANCE, TOME II

DU MÊME AUTEUR

La Vie de Mahomet, avec Zineb, Les Échappés, 2013
Les Fatwas de Charb, petit traité d'intolérance, t. I, Les Échappés, 2009, Librio, 2012
Marx, mode d'emploi, avec Daniel Bensaïd, La Découverte, 2009
Éternuer dans le chou-fleur, les métaphores sexuelles à travers le monde, avec Antonio Fischetti, Les Échappés, 2009
Le Petit Livre rouge de Sarkozy, 12 bis, 2009
Dico Sarko, 12 bis, 2008
J'aime pas la retraite, avec Patrick Pelloux, Hoëbeke, 2008
J'aime pas les fumeurs, Hoëbeke, 2007

MAURICE ET PATAPON
Mariage pour tous, t. VI, Les Échappés, 2013
Ni Dieu ni maître, t. V, Les Échappés, 2012
Hausse du pouvoir d'un chat, t. IV, Hoëbeke, 2005
La France qui se lèche tôt, t. III, Hoëbeke, 2005
Ça rafraîchit, t. II, Hoëbeke, 2005
Coupables, forcément coupables, t. I, Hoëbeke, 2005

Dépôt légal: septembre 2014
Numéro d'édition: 64
ISBN: 978-2-35766-075-5
Imprimé en France par Clerc

LES FATWAS DE CHARB

PETIT TRAITÉ D'INTOLÉRANCE, TOME II

LES ÉCHAPPÉS
CHARLIE HEBDO

MORT AUX SOUFFLEURS DE FEUILLES MORTES!

Le mec habillé en vert, jamais il n'a eu un si gros machin dans la main! Babar, on dirait. Et il fait aller sa trompe de gauche à droite et puis de droite à gauche... Une trompe à moteur thermique quatre temps qui souffle un vent de 250 km/h. Une trompe qui pue l'essence et qui fait un bruit de tondeuse à gazon. Lentement, méticuleusement, il fait s'envoler les feuilles mortes, les mégots, la poussière, les mollards séchés, les crottes de chiens et les emballages de McDo à deux mètres du sol. Il suit le nuage d'ordures tranquillement. La mission de ce berger des trottoirs, c'est de rassembler son troupeau de saloperies pour en faire un tas. Mais chaque mouvement de la souffleuse disperse un peu plus ce qui finalement ne sera jamais un tas. Il s'en fout, le type, il fait ce que son chef lui a dit de faire. Le service d'entretien de la Ville a obtenu du conseil municipal qu'on remplace les vieux balais efficaces par des souffleuses bruyantes, polluantes et incapables. La fierté du con à qui on a offert un nouveau jouet qui fait « vroum », il l'éprouve encore, le balayeur. Même après avoir compris que sa machine est inadaptée à sa tâche. Avec le boxon qu'il fait, on le remarque. Il existe enfin. Et puis, oui, l'outil est viril. Au moins autant qu'une mitrailleuse lourde. Au lieu d'étendre des ploucs raides morts quelque part en Afghanistan, il fait voltiger la merde. Un mini-étron canin décolle et vient se coller dans le chignon d'une vieille. Dommage collatéral. Ici aussi, c'est la guerre. Une guerre aussi absurde que l'autre. Une guerre ingagnable. L'imbécile pourrit les oreilles et les trous de nez de tout le quartier, mais le contribuable qui subit tout ça est heureux malgré tout. Heureux de constater ce que la Ville fait de ses impôts. Le raclement du balai sur le trottoir, il ne l'entendait pas, le contribuable, là, au moins, il a la preuve rassurante que l'employé municipal bosse.

Je crois que vous en serez d'accord, il faut enfoncer profond un de ces engins dans le cul des maires qui les achètent afin de leur faire remonter la matière grise au cerveau. *Amen.*

MORT
À LA MOZZARELLA!

Si des aliens devaient discrètement envahir la Terre, ils prendraient la forme de tranches de mozzarella. Ces trucs blancs, mous, sans saveur, sans odeur, qui peuplent toutes les assiettes de tous les continents. Ça a commencé dans les pizzerias, les pizzerias ont contaminé les restaurants de plage voisins, et puis, comme une turista géante, ça s'est étendu à tout ce qui ressemble à une cantine. Cherche bien ! Dans ta salade, t'as forcément un bout de mastic blanc qui se planque derrière une tomate cerise. (La tomate cerise, l'autre plaie. On lui réglera son compte plus tard, à cette petite pute.) Les connaisseurs diront qu'il ne s'agit pas là de la vraie mozzarella *di bufala italiana che facia la mamma* ! Les connaisseurs, on les emmerde. Le dernier être humain à avoir mangé de la véritable mozzarella n'a pas pu laisser de témoignage écrit, parce que l'écriture n'avait pas encore été inventée. Pourquoi ça marche ? Pourquoi personne ne balance ces rondelles de tristesse au caniveau quand elles échouent sur la table ? On aurait peur de la mafia de la mozzarella ? Si tu refuses de mâcher ce chewing-gum qui ne fait même pas de bulles, le faux serveur italien te file un coup de surin ? Même pas. La mozzarella, ça plaît justement parce que ça n'a le goût de rien. Ce qui n'a aucun caractère ne peut heurter personne. C'est blanc, c'est donc que c'est propre. C'est mou, ça ne fatigue pas les mandibules. C'est tellement rien que pas un consommateur ne songe à s'énerver contre. De toute façon, si tu frappes un bout de mozza, comme on a fini par l'appeler, chtong ! ton poing te revient en pleine gueule. La mozzarella, si tu veux savoir, c'est un bout de néant qui a figé. Oui, il est probable que si les extraterrestres ont le projet d'asservir l'humanité, ils ont déjà revêtu leur costume immaculé.

Je crois que vous en serez d'accord, il faut incendier les usines de caoutchouc qui produisent la mozzarella avant qu'une marée blanche asphyxie la planète. *Amen.*

MORT AUX VERRINES!

Les amis qui vous ont invité à dîner ce soir vous servent à manger dans des verres. Oui, des verres en verre. Dans le meilleur des cas. Parfois, les verres sont en plastoc transparent. Toujours est-il que ce que vous avez l'habitude de manger dans une assiette vous est présenté dans un verre. Non, vous n'êtes pas victime d'un bizutage qui marque votre entrée dans une secte de retardés mentaux, vous êtes simplement confronté à des cons. Ils ont cédé à la mode des verrines. «Verrines», c'est comme ça qu'un génial pervers devenu milliardaire a nommé ces verres dans lesquels on essaye de vous faire bouffer. Ça se vend. Des verres à moutarde à 3 centimes sont rebaptisés « verrines » et vendus la peau du slip. On trouve également en magasin des livres de recettes « spécial verrines ». Tassez tout ce que vous pouvez de comestible dans un pot de yaourt, vous aurez une idée du concept. S'ils ont acheté toute la panoplie, vos amis mettront à votre disposition une minicuiller ou une minifourchette, c'est plus pratique pour atteindre le bout de betterave coincé au fond de l'étroit récipient. C'est plus une dînette qu'un dîner. Si vous ne savez pas quoi dire devant cette affligeante infantilisation, « c'est original et sympa » suffira: c'est le seul commentaire que vos hôtes attendent de vous. Ils ont voulu faire les malins avec leurs verrines, ce serait vexant que vous jouiez le blasé. Pourquoi la verrine ? Pour « théâtraliser vos réalisations sucrées ou salées », précise un site Internet spécialisé dans la vente de verrines en polystyrène injecté… Les adeptes de la verrine sont tellement complexés par leur manque de culture qu'ils font en sorte que, durant tout le dîner, la conversation ne porte que sur les couverts. Ils en sont presque émouvants. Presque. Vous prendrez soin de gâcher la soirée en réclamant qu'on vous serve à boire dans une assiette.

Je crois que vous en serez d'accord, il faut vider cul sec le contenu de votre verrine avant de la fracasser sur le crâne de vos désormais ex-amis. *Amen.*

MORT
AU MOIS DE JANVIER!

Qui peut se vanter d'avoir échappé à la cérémonie des vœux? Le 31 décembre, à minuit, vous souhaitez la bonne année à votre voisin de table. Il est ivre, et la bave d'huître qu'il vous barbouille sur la joue en hurlant « Allez, on s'embrasse, hein ! » ne vous dégoûte même pas. Il cherche l'autre joue, et le postillon d'alcool pur qui fuse de ses lèvres violettes vous brûle l'œil. C'est presque agréable. Votre vue se brouille un peu et vous ne distinguez plus très bien sa grosse face congestionnée. Vous êtes aussi plein que lui. On se persuade que ce genre de situation n'est supportable que bourré, alors on picole. En réalité, c'est justement parce qu'on est bourré qu'on perpétue cette tradition imbécile. Une tradition qui date de la première cuite du premier Néandertalien à avoir porté un chapeau pointu un 31 décembre à minuit. Le chapeau pointu à l'époque était en silex et faisait encore plus mal au crâne que le mauvais champagne des cavernes. Passons. En participant à cette soirée du Nouvel An, vous acceptez tacitement la règle qui vous oblige à échanger vos vœux. Deux jours plus tard, de nouveau presque à jeun, ce sera plus dur de présenter les mêmes vœux à vos collègues de bureau dégrisés. Les bises sont plus furtives et les sourires sont franchement hypocrites. Mais ça y est, c'est fini, vous ne recommencerez ces simagrées que dans un an... Hélas, non! Durant tout le mois de janvier, des importuns vont vouloir vous lécher la couenne! Pour justifier cette agression, ils prononcent une formule qui doit également les protéger du pain dans la gueule que vous vous apprêtez à leur coller: « On a tout le mois de janvier pour se souhaiter une bonne année! » Où c'est marqué, ça? Dans quelle loi figure cet article foireux? On a tout le mois de janvier pour fuir cette milice du bonheur obligatoire, oui!

Je crois que vous en serez d'accord, il faut enfoncer un couteau à huîtres entre les yeux de ces clébards baveux en ajoutant: «Et surtout la santé!» *Amen.*

MORT AUX MULTIPLEXES!

On a l'impression de s'embarquer pour *La croisière s'amuse*. À l'entrée du gigantesque multiplexe, les esclaves en uniforme de steward qui déchirent votre billet vous souhaitent une bonne séance comme on souhaite une bonne traversée. Pas de boutique de luxe sur le paquebot, mais des comptoirs à pop-corn. Le maïs soufflé qui pue la sueur de yak est vendu au prix de l'or. Les bonbons multicolores en plastoc imputrescible exposés dans des vitrines de joailliers sont éclairés par des spots de douze mille watts. Les sodas valent plus cher que le champagne. Les pieds s'enfoncent dans une moquette juste un peu moins épaisse que celle d'un casino. Tout est fait pour que vous vous sentiez dans la peau du producteur du film que vous venez voir. D'ailleurs, si vous avez acheté un gobelet de pop-corn, c'est un peu comme si vous l'aviez produit, le film. Deux barils de pop-corn, ça paie le salaire de James Bond. On vous fait patienter devant la salle. Les esclaves de tout à l'heure sont en train de la nettoyer. Les porcs qui vous ont précédé ont abandonné leurs paquets de merdouilles imbouffables dans le creux des fauteuils. Enfin, vous pouvez vous caler dans du moelleux. Après vingt minutes de pubs, plus personne ne se rappelle quel film il est venu voir et roupille. Tout va bien. C'est après le film que ça se gâte… À peine le générique de fin est-il entamé que les lumières se rallument. Les esclaves en habit de steward, un sac-poubelle de trente litres à la main, réapparaissent pour vous empêcher de sortir par là où vous êtes entré. Le troupeau des spectateurs hagards est prié de s'engouffrer dans un couloir sombre et étroit qui pue la pisse. Tous les dix mètres, une porte battante vous claque le pif. Vous aimeriez être dans des égouts, vous êtes dans les intestins de béton du cinéma. C'est par là que UGC ou Pathé chient leurs clients après avoir absorbé leur pognon. Vous vous retrouvez au cul du ciné à côté du local à poubelles. Vous vous sentez comme une merde. Vous êtes une merde.

Je crois que vous en serez d'accord, il faut enfermer les directeurs de multiplexe dans une machine à pop-corn jusqu'à ce qu'ils éclatent. *Amen.*

MORT
À VUITTON !

Les sacs Vuitton, les valises Vuitton, les baskets Vuitton, les fonds d'écran Vuitton, les casquettes Vuitton... Tout ce bric-à-brac marronnasse siglé d'un L et d'un V blafards ! Le logo le plus effrayant de la Terre. À côté, le sigle de l'UMP, c'est du Pissarro. La croix gammée, du Rembrandt. Ces L et ces V obscènes et consanguins qui se chevauchent à l'infini...

L, V, pour Louis Vuitton, la marque de luxe. Pourquoi de luxe ? Parce que c'est un luxe rare de réussir à faire croire aux mémères du XVIe, aux branleurs du neuf-trois et aux touristes chinois que le comble du chic consiste à s'afficher avec un objet moche vérolé de L et de V. La bonne blague de Louis Vuitton, c'est d'avoir fait du laid un objet de désir. Quelle que soit la classe sociale dont il est issu, le con rêve de porter du Louis Vuitton.

Qui se trimballerait avec des bagages marqués du M jaune de McDo ? Personne. On aime manger de la merde, mais pas au point de le revendiquer en arborant son absence de goût en matière de cuisine. Eh bien, en portant du Louis Vuitton, le tocard crie au monde que le luxe dispense d'avoir du goût ! Louis Vuitton mettrait sur le marché des bonnets d'âne qu'une forêt d'oreilles fièrement dressées couvrirait aussitôt la moitié des

Champs-Élysées. Cela dit, dans le genre « ami client, je me fous de ta gueule », Vuitton a déjà fait mieux que ça. Il existe des bananes Vuitton. Des bananes, oui ! Cette sacoche ignoble qu'on accroche à la taille et qui donne l'impression que celui qui la porte exhibe son gros intestin. Une marque qui est capable, sans les menacer de mort, de convaincre ses clients de s'afficher avec une banane peut demain imposer ce qu'elle veut au monde ! Et ils en sont fiers, en plus, de leur poche à crottes, les clients de Vuitton. Ils la portent bien en avant, comme ça, là. La banane Vuitton est au pauvre type ce que le pare-buffles est au 4x4.

Je crois que vous en serez d'accord, il faut marquer sur le front et au fer rouge le P-DG de Vuitton d'un G et d'un N, afin qu'il soit obligé d'expliquer que, non, Gros Nase, ce n'est pas une marque, mais un métier. *Amen.*

MORT AUX PARENTS D'ÉLÈVES !

D'accord, il ne faut pas que la drogue entre à l'école. D'accord, il ne faut pas que la violence entre à l'école. D'accord, d'accord, l'école doit rester ce temple sacré moquetté d'amour et tapissé d'intelligence qu'elle n'a jamais été. Mais, alors, pourquoi laisse-t-on grouiller les parents d'élèves dans les couloirs des écoles ? Pourquoi les laisse-t-on même approcher des grilles des établissements scolaires ? Pourquoi ne pas éradiquer carrément ces vers qui n'arrivent à justifier leur existence qu'en brandissant le navrant résultat de leurs accouplements asthéniques ? Les parents d'élèves ne sont pas seulement les parasites de leurs enfants, ils sont aussi les parasites de l'Éducation nationale. Des insectes xylophages peuvent détruire une école. Les parents d'élèves, eux, détruisent l'institution. Au motif que son gosse contient des morceaux de son ADN, le parent d'élève se croit autorisé à se mêler de tout ce qui touche de près ou de loin à sa progéniture. Son seul brevet de compétence en matière d'éducation, c'est d'avoir réussi à procréer. Parce qu'un spermatozoïde a exceptionnellement fini dans un ovule plutôt que dans un Kleenex, le parent d'élève est omniscient. Il est capable de réécrire les programmes scolaires, d'enseigner la pédagogie aux profs, de composer le menu de la cantine, de décider des sorties scolaires, d'estimer que telle matière est plus importante que telle autre et de rogner sur les cours du vendredi après-midi pour pouvoir partir en week-end avec son chiard. Dès qu'un parent d'élève ouvre sa gueule, c'est pour postillonner les lieux communs les plus nauséabonds sur l'éducation. Il déplore que les profs n'aient plus d'autorité sur le sale petit con qu'il n'a lui-même jamais su dresser, mais il ameute la Cour européenne des droits de l'homme si un enseignant claque le beignet du gnome en surpoids qu'il a engendré.

Je crois que vous en serez d'accord, il faut ouvrir les couilles et les ventres de tous les parents d'élèves pour y faire entrer de force ce qui n'aurait jamais dû en sortir. *Amen.*

MORT AUX GENS QUI RÉCUPÈRENT LEURS BAGAGES À L'AÉROPORT!

Figurez-vous des chiens de chasse. Une meute d'épagneuls à l'arrêt devant le tapis roulant qui régurgite trop lentement les bagages. Leurs paupières gonflées après une mauvaise nuit dans l'avion ont brisé leur gangue de morve séchée. Ils ont ce regard de dingue des Parisiens de la rive gauche qui ont pris trop de coke. Ils ne cillent pas. C'est que le moindre battement de paupière pourrait leur faire rater leur précieuse valise. Et, d'un coup, l'un d'eux se jette avec furie sur un gros sac bleu. Trop gros, le sac. Il n'arrive pas à le soulever du tapis qui l'entraîne. La proie est trop lourde pour les muscles atrophiés du comptable à la retraite. Il bouscule les autres clébards en short, qui ne protestent même pas. Oui, c'est le rare moment où on peut lui faire n'importe quoi, au touriste, sans qu'il ouvre sa grande gueule. Il ne peut pas se permettre de se déconcentrer du tapis roulant. Et s'il ratait sa valise? Comment qu'il irait à la piscine, sans ses tongs? Et les Coton-Tige de sa trousse de toilette! Ça existe, les Coton-Tige, à Saint-Domingue? Pas sûr. Et puis ça serait étonnant qu'ils soient à la norme CE. Il finit quand même par le lâcher, le gros sac bleu. Il s'est aperçu que ce n'était pas le sien. Il a été victime d'une hallucination. Classique. Le touriste espère tellement retrouver son bagage qu'il le voit partout. Il s'avérera qu'en fait de gros sac bleu il attendait en réalité une petite valise rouge. Du coup, le gros sac bleu, il le rebalance avec mépris sur le tapis comme s'il s'agissait d'une pute à trois dollars qui en réclamerait un quatrième. Finalement, récupérer ses bagages, c'est le moment des vacances qui lui aura semblé le plus intense. Tout juste devant celui où notre héros découvre que la turista n'est pas une danse folklorique.

Je crois que vous en serez d'accord, il faut faire voyager les touristes dans la soute avec leur valise afin qu'ils n'en perdent jamais la trace. *Amen.*

MORT
AUX CONCERTS!

Les concerts se ressemblent tous. Le public trépigne, les bières débordent, on hurle le nom du groupe qui se fait attendre. Et d'un coup les projecteurs dégagent autant de chaleur que la bombe d'Hiroshima. Un cri, l'extase : le flash lumineux a fait apparaître le groupe sur scène. Le leader saisit le micro, il gueule : « Ça va, Paris ? » (On est à Paris.) La foule beugle quelque chose d'enthousiaste. Un oui, sans doute. L'autre réitère : « Ça va, Paris ? » Même réponse. Et ça dure et c'est chiant. « Ça va, Paris ? » Ça irait mieux, connard, si tu faisais ce pour quoi t'es payé ! Tais-toi et chante ! « Ça va, Paris ? » On se croirait en colonie de vacances, quand le moniteur nous oblige à chanter le refrain imbécile d'une chanson de marche. Vous savez, ces chansons de marche qui sont censées nous faire oublier qu'on a des pieds et qui finalement nous font oublier qu'on a un cerveau, qu'on est en été et que la vie est belle. « Ça va, Paris ? » Non, là, ça ne va plus. Sans doute, le chanteur commence à deviner que la moitié de la salle rêve qu'un spot se détache et lui fende le crâne en deux. Alors, il chante. Mais dès la fin de la première chanson : « Ça va, Paris ? » Et comme ça jusqu'à la fin du concert. C'est plus un concert, c'est une punition. Qu'est-ce que ça peut te foutre, comment on va à Paris ? T'es médecin, guignol ?

Si on enlève tous les « Ça va, Paris ? » d'un concert, le spectacle dure un quart d'heure. Il a fallu débourser 30, 60, 80 euros, parfois plus, pourr entendre un rappeur ou un rockeur radoter une formule qu'il n'a même pas composée lui-même. Tiens, d'ailleurs, à qui la SACEM verse-t-elle les droits d'auteur de « Ça va, Paris ? » ? Sûr que le premier malin qui dépose « Ça va, Paris ? » se fait des *bollocks* en or. Mais on me dit que c'est Elton John qui touche les droits de « Ça va, Paris ? ». Ça explique enfin sa fortune.

Je crois que vous en serez d'accord, il faut que des tortionnaires de la CIA interrogent jusqu'à la mort les chanteurs sans imagination pour savoir s'ils vont bien. *Amen.*

MORT AUX POMMES EN L'AIR!

Combien de fois a-t-on dit que les restaurateurs ne devraient se mêler que de cuisine ? Faites-nous à bouffer et bien à bouffer, mais surtout ne vous occupez ni de parler politique, ni de décorer votre boui-boui, ni de choisir les peintres ratés qui égaieront vos murs. Pitié, pitié, servez une tambouille qu'on arrive à digérer, ce sera déjà bien.

Mais le restaurateur est incorrigible. Être le poète de l'andouillette ne lui suffit pas, il veut être le Baudelaire des menus. Ainsi, il n'écrira pas dans les pages graisseuses de son menu que le boudin est servi avec des pommes. Non. Il dira que son boudin est accompagné de pommes en l'air... Des pommes en l'air ? Oui, des pommes, quoi. Les pommes poussent dans un arbre, elles sont donc en l'air. Bon. Parce qu'on risque de les confondre avec quelles autres pommes, les pommes ? Avec les pommes de terre ! Tiens, c'est pas con, ça, au lieu de pommes de terre, pourquoi ne pas dire pomme par terre, hein ? Sa trouvaille poétique, le restaurateur, ça lui permet de faire grimper les prix. Des pommes, on en trouve partout, mais des pommes en l'air, on en trouve qu'à la carte du prétentieux dealer de cholestérol, et ça, ça se paie.

Il existe une variante un peu moins nunuche de la pomme en l'air, il s'agit de la pomme fruit...

C'est bien connu, lorsque ce n'est pas précisé, les convives demandent assez régulièrement si la pomme dont on leur parle est une pomme fruit ou bien une pomme tubercule. Et la poire, la bonne et bête poire, ne faut-il pas avertir les consommateurs qu'ils ont affaire à la poire en l'air et non à la poire à lavement ?

Pourquoi les McDo sont-ils aussi fréquentés ? Parce que le vendeur n'est pas assez payé pour faire l'effort de nous prendre pour des cons. Jamais il n'appellera sa bidoche burger viande. On sait bien qu'il n'existe qu'un type de burger, le burger charogne.

Je crois que vous en serez d'accord, il faut pendre le restaurateur m'as-tu-vu à la plus haute branche d'un pommier afin qu'on puisse dire de lui : « Tiens, un con en l'air ! » *Amen.*

MORT AUX VALISES À ROULETTES !

Si les touristes bloqués par les grèves des transports mettaient autant d'entrain à gueuler contre l'insupportable bruit que font les roulettes de leurs bagages qu'ils en mettent à insulter les grévistes, le monde serait meilleur. Ils protestent parce qu'ils ont payé leur billet et qu'ils ne peuvent pas voyager. Si l'avion ou le train qui devait les emmener pourrir une côte quelconque ne part finalement pas, ils se rouleront par terre jusqu'à être remboursés. Et ils le seront. Pourquoi ne se comportent-ils pas de la même manière avec les escrocs qui leur ont vendu ces saloperies de valoches ?

Les roulettes de leur valise sur le trottoir font plus de bruit qu'un avion au décollage. On dirait que le plastique qui compose les roulettes a été spécialement inventé pour faire chier un maximum de monde. Il n'y en a qu'un qui semble ne rien remarquer, c'est le propriétaire de la valise à roulettes. Les bruits, c'est comme les odeurs de pet : on les supporte beaucoup mieux quand on en est l'auteur.

Plus la valise est petite, plus le boucan semble énorme. Regardez ce gros blaireau qui traîne un sac à main sur roulettes. Il ne peut pas le porter ? Non, porter un bagage, aujourd'hui, aussi léger soit-il, c'est plouc. Le luxe, c'est le moindre effort. L'Escalator plutôt que l'escalier, le taxi plutôt que le vélo, le *sex-toy* plutôt que la branlette. Et tant pis si ça représente plus de désagréments que d'avantages.

Le luxe, c'est d'acheter trois euros une valise complètement nase fabriquée par des esclaves chinois qui t'écorche les oreilles et te racle les tympans. Et je me dandine en trimballant mon bagage hurlant à travers glaviots et merdes de chien, je suis fier de montrer que j'ai les moyens de partir en vacances ! Si vous voulez vous la péter avec votre valise à roulettes, mettez-y au moins le prix ! Ou bien rachetez à son propriétaire l'esclave chinois qui a vissé les roulettes sur votre valise et faites-la-lui porter !

Je crois que vous en serez d'accord, il faut traîner les touristes par les cheveux pour voir s'ils couinent plus fort que les moignons en plastoc de leur moche valise. *Amen.*

MORT
AUX VITRES TEINTÉES!

Les types qui portent des lunettes de soleil en toute saison pour se donner l'air mystérieux ont des voitures. Des voitures aux vitres teintées. Lorsque, en plus, la bagnole est noire, on a moins l'impression d'avoir affaire à une Twingo qu'à une obèse en niqab. Qu'est-ce qui se cache sous les rondeurs métalliques de l'auto? Quelle intimité les vitres Ray-Ban dissimulent-elles? Si le passant apercevait les formes appétissantes des sensuels fauteuils en cuir, cela déclencherait chez lui une irrépressible envie de se branler dans le réservoir... C'est ça?

Imaginer que tout le monde désire ce qu'il a, c'est sans doute ce qui l'excite, le propriétaire de la voiture. D'ailleurs, il ne s'y trompe pas, le *man in black,* on la regarde bien plus que les autres, sa totomobile. « Tiens, y a qu'à voir tous ces porcs qui plissent les yeux pour deviner l'intérieur de ma berline! » Comment lui dire, au gogol, que ce n'est pas l'intérieur de sa caisse que le passant cherche à voir, mais le reflet de son visage dans la vitre. Les vitres teintées font d'excellents miroirs.

Cette femme qui se passe la main dans les cheveux en matant la bagnole n'essaye pas de séduire l'invisible vedette du show-biz qui se planque sur la banquette arrière, elle se recoiffe. L'adolescent qui pointe son nez gras vers la vitre ne traque pas le mannequin célèbre, mais ses points noirs. Et le couillon assis derrière le volant finit par croire au film qu'il projette dans la salle vide de son crâne : il transporte une star, lui-même est une star et sa caisse est l'écrin qui protège sa vie privée de people pourchassé par la presse et le public. Personne ne peut constater que la seule chose qui se trouve sur la banquette arrière, ce sont les miettes du panini qu'il s'est enfilé ce midi. (C'est d'ailleurs à peu près la seule chose qu'il s'enfilera jamais dans sa bagnole de merde.)

Il n'y a que les voleurs pour imaginer qu'on cache des trésors dans les voitures aveugles. C'est pour ça qu'elles sont plus souvent fracturées que les autres. Loin de décourager l'abruti, ça le conforte dans l'idée qu'il est important. Ça peut même développer chez lui une petite tendance à la paranoïa dont son ego se nourrira pour grossir encore.

Je crois que vous en serez d'accord, il faut murer les orbites de ces branleurs avec des briques, au moins, on les remarquera pour de bon. *Amen.*

MORT À LA 3D!

À quoi sert l'invention foireuse du cinéma en 3D? À justifier l'augmentation du prix des places de ciné. Rien d'autre. Ça, le prix de ton ticket, tu le vois bien en trois dimensions!

Ah si, quand même, l'autre truc qui a augmenté, ce sont les actions des usines chinoises qui fabriquent les lunettes de plastoc distribuées à l'entrée des salles. Un euro le gadget! La paire de binocles miracle qui permet de ternir et d'assombrir les couleurs du film a bien dû coûter 0,000003 centime à produire. Il ne faut pas se plaindre si un voile gris recouvre le film, c'est le prix à payer pour pouvoir jouir de la 3D!

L'image est moche et triste, oui, mais le gros flingue du gros con qui s'agite sur l'écran, tu le vois en relief! Le relief des images pour faire oublier la platitude du scénario. Raté. Tout est raté. Le scénario est nul, et l'effet 3D est inexistant. Et ce dessin animé qui réussit l'exploit d'être encore plus plat en 3D qu'en 2D!

Les seuls qui savent se servir de la 3D, ce sont les réalisateurs des pubs qui sont diffusées avant le navet pour lequel vous avez payé. Eux, ils se sont éclatés! Il n'y a pas plus d'idées que dans une pub normale, mais au moins, techniquement, ils ont su l'exploiter, la 3D.

La 3D remplit les salles obscures d'aveugles à lunettes noires qui n'attendent qu'une chose, la fin du film pour retrouver la vue. Combien de temps l'escroquerie de la 3D peut-elle encore durer ? Combien de déceptions faudra-t-il aux spectateurs pour qu'ils se rendent compte qu'ils ne verront rien d'autre que de la bouillasse en relief ? On reconnaît facilement le pigeon de la 3D quand on va chez lui : une, deux, trois paires de lunettes 3D prennent la poussière sur le meuble de l'entrée. Il ne jettera pas les preuves de sa naïveté. Des lunettes, même des lunettes qui ne servent à rien, ça ne se jette pas. On les donnera au petit voisin du dessus pour qu'il joue avec.

Je crois que vous en serez d'accord, il faut planter une canne blanche dans chaque œil des producteurs qui obligent les réalisateurs à tourner des films en 3D. *Amen.*

MORT AUX THERMOMÈTRES!

Les agences de notation qui veulent diriger le monde à coups de triple A ne sont pas dirigées que par des triples cons. Enfin, si. Mais les triples cons qui dirigent les agences de notation sont aussi de gros radins. Qu'ils se fassent payer très cher par des chefs d'État masochistes adorant se faire dégrader la note en public, soit. Mais où va le pognon ? Pas dans la propagande en faveur de leur boîte, en tout cas.

Les défenseurs des agences de notation qui font le show dans les médias n'ont qu'une pauvre phrase à opposer à ceux qui critiquent la légitimité des Moody's et autre Standard & Poor's : « Vous voulez casser le thermomètre ! » Combien les agences de notation ont payé le communicant qui leur a soufflé un slogan aussi niais ? Soyons clair : si un Séguéla doté d'un cerveau arrivait à nous convaincre que les agences de notation sont des thermomètres, nous appellerions à casser ces instruments de mesure dans son sale cul de marchand de bobards. Par principe. Mais nous n'aurons jamais à faire une chose pareille.

Il se trouve que les agences de notation ne sont pas des thermomètres qui indiquent une fièvre et donc la présence d'une maladie : elles sont la maladie. Elles ne sont pas des thermomètres plantés dans le rectum de pays endettés jusqu'à l'os, elles sont le canon des flingues que de cyniques fumiers collent sur la tempe des peuples ruinés par leurs dirigeants. Les banques, ce n'est pas avec un thermomètre qu'elles braquent les États !

Tiens, qui oserait dire d'un violeur en série qu'il ne représente pas un danger pour la société ? Bah, noooon, il n'est pas un danger, il n'est qu'un symptôme... Plus exactement, mesdames et messieurs les jurés, le violeur en série n'est qu'un thermomètre ! Il révèle un malaise ! Qu'on le laisse faire son boulot de thermomètre ! Écartez les miches !

Le coup du thermomètre, les pom-pom fafs du Front national nous le font régulièrement. Le FN n'est pas le problème, il n'est que le révélateur du problème. Oui ! Le FN n'est pas la batte de base-ball qui pétera les genoux de la démocratie, il n'est qu'un thermomètre qui nous dit que la démocratie doit se passer du vote des immigrés si elle ne veut pas aller plus mal... Non, mais t'as vu dans quelles mains il est, le thermomètre ! Et t'as vu la gueule de l'infirmière !

Félicitons le communicant escroc qui a réussi à vendre le même thermomètre foireux aux agences de notation et au Front national. Et sans le désinfecter.

Je crois que vous en serez d'accord, il faut prendre la température d'un patron d'agence de notation avec un fer à souder chauffé à blanc. *Amen.*

MORT AUX TRUFFES !

Pour faire se dresser un chien sur ses pattes arrière, agitez-lui un sucre au-dessus du museau. Pour faire se pâmer un con, collez-lui une lamelle de truffe sous le nez.

Vous ne savez pas faire à bouffer, mais vous avez du pognon : investissez dans la truffe. La truffe, c'est l'épate-couillon le plus efficace au monde ! Oui, bien plus efficace que la coke. Dans les dîners en ville, aujourd'hui, tout le monde a au moins un gramme de coke planqué dans la doublure de son slip. Beaucoup moins nombreux sont ceux qui ont une truffe dans la poche. Pour emballer dans une soirée, plutôt que de sortir une paille, sortez votre râpe à truffes. Et pas besoin de s'enfermer à douze dans les chiottes pour se faire un rail de truffe ! La truffe se montre, la truffe s'exhibe !

N'importe quelle charogne en décomposition, n'importe quel légume récupéré sur le tas de compost, n'importe quelle croûte de fromage purulente deviendra un mets subtil et raffiné s'il est parsemé de copeaux de truffe. Allez, même un copeau suffira. Un copeau plus fin qu'un préservatif Manix Skyn est en mesure de réjouir une tablée d'imbéciles. Et ce n'est pas grave si la pauvre lamelle de champignon a le même goût que la capote suscitée (avant utilisation, bien sûr).

Faites l'expérience : annoncez à vos convives qu'il y aura un jus de cul en entrée, ils vous jetteront leurs couverts à la gueule et partiront bouffer une éponge à la viande chez McDo. Maintenant, annoncez-leur dans un souffle qu'il y aura du jus de cul aux truffes en entrée et leurs cris de joie réveilleront les voisins. Osez l'émincé de glaires et son croustillant aux truffes en plat principal et ils vous porteront en triomphe ! Monsieur, votre conquête prétend que la fellation lui donne des aphtes ? De la truffe sur le gland et la gourmande ou le gourmand engloutira votre chibre avec passion ! Madame, votre conquête prétend que le cunnilingus lui fait saigner les gencives ? De la truffe sur le clito et c'est parti pour une méga broute-*night party* !

Je crois que vous en serez d'accord, la truffe est le signe ostentatoire du parvenu sans talent qu'il faut râper grossièrement au-dessus d'un tas de fumier. *Amen.*

MORT
À MARRAKECH !

Si vous rêvez de visiter les coulisses des médias parisiens, ce n'est pas la peine de vous déguiser en livreur de coke. Allez à Marrakech. C'est là que sont rédigés la plupart des éditoriaux publiés dans la presse française. C'est là que sont élaborés les nouveaux programmes de la rentrée pour la télé et la radio, c'est là que le producteur d'une émission de merde va recruter la bouse qui l'animera. C'est aussi là que les journalistes politiques couchent avec leur outil de travail, que les philosophes milliardaires et leurs associés, les milliardaires marchands d'armes, achètent les médiatiques corrompus qui chanteront leurs louanges sur toutes les chaînes. Ça coûte pas cher de se mettre un journaliste parisien dans la poche à Marrakech : un couscous boulettes et une trempette dans la piscine. Bref, les journalistes s'entrelèchent à Marrakech.

Tiens, à la télé, lorsqu'une émission de débat politique se termine, vous savez de quoi discutent hors antenne les participants que vous avez vus se déchirer sur le plateau ? De leur prochain week-end à Marrakech. Je le sais, je les ai entendus. Va t'intégrer au monde de la presse quand tu passes tes vacances à Brest ! C'est pas qu'on t'insulte, hein, non, t'es juste transparent. Pour obtenir la direction d'une chaîne, il faut que t'apprennes par cœur le *Guide du routard* sur Marrakech. Au Monopoly de la corruption, c'est par Marrakech qu'il faut passer si tu veux toucher 20000.

C'est pas très dur d'être corrompu, même moi, je pourrais y arriver : une claque sur le bidon, un doigt dans le cul, et tu l'as, ton poste de directeur de la rédaction de *France-Soir* (euh, non, pas *France-Soir*). Mais pourquoi Marrakech ? C'est mooooooche, Marrakech ! Tous les cons qui rentrent de Marrakech te vendent la fameuse place Jemaa el-Fna comme s'il s'agissait du cul de Sophie Marceau. La place Jemaa el-Fna, c'est un parking où tu peux même pas garer ta voiture. C'est des montreurs de serpents neurasthéniques, des branloteurs de singes et des presseurs d'oranges diarrhéiques qui squattent la place. Le souk ? Tu veux voir le souk ? Va aux puces de Montreuil, c'est moins loin, c'est moins cher, c'est moins triste et les prix sont affichés. De toute façon, nos amis journalistes, c'est pas au souk qu'ils vont. Ils restent dans leur hôtel tout neuf. Pourquoi ils sortiraient ? Le vieux Marrakech pue la misère, une misère peinte en kitsch par le syndicat d'initiative. Elle fait tellement plus jolie, la misère, au soleil. Quant à la Marrakech ville nouvelle, elle ressemble à Cergy-Pontoise. Il faut dire qu'elle a été construite par des escrocs de l'immobilier pour loger les retraités français de l'Éducation nationale.

Non, il n'a aucune raison de prendre le risque de se choper une dépression en flânant dans les rues de cette poubelle à touristes, le journaliste. En plus, le minibar de sa chambre est plein jusqu'à la gueule de putes de 16 ans. Quand l'encre fige dans son Montblanc et qu'il ne sait plus quoi écrire sur le danger des révolutions arabes mal comprises par des peuples immatures, il se le fait secouer par une esclave sexuelle et ça repart !

Je crois que vous en serez d'accord, il faut attendre le week-end pour raser Marrakech du sol au plafond. Ça fera d'une pierre deux coups : on débarrasse l'humanité d'un aimant à cons et on libère les médias français de ses punaises confraternelles. *Amen.*

MORT AUX TRAINS QUI ARRIVENT À L'HEURE !

Pourquoi les Français détestent-ils la SNCF au lieu de détester ceux qui la saccagent ? Sans doute parce que c'est plus facile de gueuler contre le train qui n'arrive pas à l'heure plutôt que contre les connards qui l'ont fait disparaître. Comme il est plus facile d'agonir d'injures le guichetier laissé seul face à la foule en colère plutôt que de réclamer la peau des connards qui ont supprimé les postes des collègues du guichetier. Le train qui ne viendra pas et le guichetier retranché dans sa bulle de verre sont toujours plus proches des usagers (pardon, je veux dire des clients) qui font le pied de grue sur le quai que les connards qui ont voté le démantèlement de la SNCF. Ces connards-là survolent la casse du service public en avion, jamais vous ne les croiserez sur un quai de gare. Le client frustré s'en prend à ce qui lui tombe sous la main.

La SNCF, bien consciente que les gouvernements successifs s'occupent de la découper en rondelles, communique. Elle ne communique pas pour dénoncer les connards cités plus haut, en inscrivant leur nom et leur adresse sur les panneaux d'affichage. Elle ne communique pas en faisant distribuer dans les gares les articles des lois européennes qui signent la mort du service public. Elle communique en signalant que les trains qui arrivent à l'heure arrivent... à l'heure. Non, ce n'est pas une blague.

Tendez l'oreille. Désormais, le contrôleur en chef d'un TGV qui s'apprête à entrer en gare à l'heure indiquée sur les billets précise que le train n° tant va entrer en gare d'Avignon « à l'heure ». Il se passe la même chose sur certaines lignes de banlieue. Le conducteur grésille dans les haut-parleurs hors d'âge que le train de Pontoise va entrer en gare du Nord « à l'heure ».

Est-ce que ces annonces sont en mesure de réjouir le voyageur ? Non. Que le train arrive à l'heure, au départ, tout le monde s'y attend. Souligner la chose comme s'il s'agissait d'un événement exceptionnel est plus que maladroit. Le voyageur ne peut que se dire : « Putain, j'ai eu du bol, la prochaine fois, je passerai peut-être la nuit coincé entre Pétaou et Chnok. » Les conducteurs et les contrôleurs devraient refuser d'insister sur le miracle du train qui arrive à l'heure. Ça institue le retard comme norme. Mais, au fond, n'est-ce pas ce que veut la direction de la SNCF ?

Banalisons les retards et faisons du train à l'heure une chose rare. La direction de la SNCF, n'ayant pas le courage de se rebeller contre ceux qui l'étranglent, décide de conditionner le voyageur de telle sorte qu'il accepte les retards. *Fatalitas !*

Je crois que vous en serez d'accord, il faut poser la tête de l'inventeur du « train qui arrive à l'heure » sur un rail de la ligne B du RER à une heure de pointe. *Amen.*

MORT
AUX GASTRONOMES ETHNIQUES!

Samedi soir. C'est le moment le plus dur de la semaine. Le moment où l'on grille son forfait téléphonique à discuter avec les potes de l'endroit où l'on va bouffer. Les négociations sur le choix du restaurant ont duré si longtemps que le dîner du samedi soir est en passe de se transformer en repas du dimanche midi. Quand enfin tous les allergiques, les végétariens, les végétaliens, les carnassiers, les insectivores et les bouffeurs de crottes de nez se sont mis d'accord sur un restau, il y en a toujours un dans le tas pour foutre tout par terre. Après que la majorité a décidé démocratiquement d'aller manger japonais, le casse-noix de la bande (qui paradoxalement fait une intolérance aux noix) émet cette réserve: « Ouais, mais le Japonais, c'est pas un vrai Japonais. » Quoi, le Japonais, c'est pas un vrai Japonais? Sur la devanture, c'est bien marqué « restaurant japonais », et les menus proposent bien des plats japonais... « Ouais, mais ceux qui tiennent le restau, c'est pas des Japonais. » Et? « C'est des Chinois... » Alors? Alors, de notoriété publique, des Chinois seraient incapables de cuisiner japonais. Déjà, quand ils cuisinent chinois, on n'est pas sûr que ce soit vraiment chinois... La preuve? Vous en voyez beaucoup, vous, des Chinois manger dans des restaurants chinois ? Hein ? Hein ?

Est-ce que ce genre de débat aurait lieu si le choix du groupe s'était porté sur une crêperie ? Ah, non, pas une voix ne se serait élevée pour souligner que la crêperie bretonne est tenue par des Picards. Le seul problème que pose la crêperie, c'est qu'un des amis est allergique au gluten. Et le restaurant tex-mex ? Il est tenu par des bâtards de Texans et de Mexicains, le tex-mex ? Non, par des Bretons. Hormis le fait qu'il y en a un parmi nous qui fait une poussée d'urticaire quand il ingère du guacamole, personne ne met en cause la capacité des cuisiniers bretons à assaisonner les tacos. Il n'y a que les Chinois qui suscitent cette méfiance. Un bar à tapas tenu par un Belge ? Personne ne moufte. Et si la sangria est dégueulasse, on remarquera simplement que la sangria est dégueulasse sans insister sur le fait qu'elle ne pouvait pas être autre chose que dégueulasse, vu que le patron est belge. Un boui-boui corse tenu par un Algérien ? On commande tous du saucisson d'âne les yeux fermés (sauf celui dont la religion interdit d'ingérer de l'âne). Une pizzeria tenue par des Indiens ? La *mozzarella di buffala* a été remplacée par de la Vache qui rit. On dira que c'est surprenant, mais pas mauvais...

Il serait temps que ceux qui chipotent sur la nationalité des tenanciers des débits de sushis réalisent que 95 % des cuisiniers esclavagisés dans les restaurants sont pakistanais. Et ce, quelle que soit la spécialité annoncée sur la porte du restau.

Je crois que vous en serez d'accord, le raciste antichinois doit être découpé en fines lamelles et vendu comme sushis au thon rouge à la carte d'un restaurant périgourdin. *Amen.*

MORT AUX ESCROCS DU POLITIQUEMENT INCORRECT!

Les beaufs, les réacs, les pénibles de droite ont une formule magique pour faire taire leurs contradicteurs: « Vous êtes politiquement correct! » Il est bien entendu que le politiquement correct est le coincé du cul, le timoré, le conformiste. C'est amusant. Ceux qui hier faisaient régner la censure en France se présentent aujourd'hui comme les plus farouches ennemis du politiquement correct. La droite actuelle, qui tient encore tous les leviers du pouvoir (et qui en fait ne les a jamais lâchés depuis la nuit des temps, même pour aller pisser), essaie de nous faire croire qu'elle est dans le camp des rebelles et des progressistes parce qu'elle fustige l'oppression du politiquement correct. « On ne peut plus rien dire! », les entend-on couiner, les ministres, chaque fois que quelqu'un leur fout le nez dans leur argumentaire fascisant. « On ne peut plus rien dire », et ça leur donne l'occasion de les dire toutes, leurs saloperies.

Il est sans doute plus difficile pour des racistes de « tout dire » depuis l'adoption des lois Gayssot. Est-ce que ça empêche pour autant le gouvernement de mener une politique raciste? Absolument pas. Est-ce que ça empêche le FN de péter des scores dans les sondages? Bah, non. Mais être raciste ou instrumentaliser le racisme ne lui suffit pas, à la droite. La droite ne veut pas simplement mener une politique raciste, elle ne veut pas qu'on le lui reproche. Elle voudrait qu'un bon rire gras cautionne ses actions dégueulasses.

Tiens, c'est comme les pédés. On ne peut plus les insulter en public sans essuyer la critique... Hier, le pédé de la famille fermait sa gueule lorsque la tablée dégueulait sa haine de la tarlouze. Aujourd'hui, parce que le pédé ose répondre à tonton Marcel d'aller se faire enculer, on le traite de bien-pensant. Si l'homosexualité était devenue politiquement correcte, les homosexuels auraient depuis longtemps le droit de se marier et d'adopter.

Et défendre la retraite à 60 ans, c'est évidemment politiquement correct ! Pourtant, il n'y aura plus jamais de retraite à 60 ans. Jamais ! On mesure l'influence délirante du politiquement correct... Le politiquement correct dirige le monde !

Faire croire que l'oppressé est l'oppresseur, que le sans-pouvoir les détient tous, c'est la tactique de celui qui se prétend politiquement incorrect. L'escroc du politiquement incorrect ne bouleverse pas l'ordre établi, il incarne l'ordre !

Je crois que vous en serez d'accord, il faut guillotiner le politiquement incorrect juste après lui avoir expliqué que se révolter contre la peine de mort, c'est vraiment très mièvre. *Amen.*

MORT
AUX «JOLIES» SALLES DE THÉÂTRE!

Les présumés talibans que les États-Unis ont parqués à Guantánamo ont, paraît-il, subi des tortures. Ah! Ah! S'il est vrai que la liste de toutes les vexations qu'on leur a fait endurer est assez longue, il manque à cette liste la plus cruelle. Personne n'a obligé les barbus à assister à une pièce dans un joli théâtre à l'italienne... Personne n'a obligé les prisonniers en orange à rester assis de longues heures les genoux dans les trous de nez.

Ce petit théâtre à l'italienne est magnifique, les dorures éclaboussent les yeux, les peintures du plafond ravissent l'âme, mais... ce théâtre n'est pas fait pour des humains. Il n'est tout simplement pas à la bonne taille. Il a sans doute été construit pour accueillir les poupées Barbie d'enfants de milliardaires capricieux. Il n'y a guère que Ken qui ait la place de caser ses jambes dans la loge à 80 euros du premier balcon. Cette loge où le sadique propriétaire du joli théâtre prétend entasser quatre adultes de taille moyenne qui mangent à leur faim...

Si certaines pièces peuvent parfois déclencher une migraine, l'intensité de la douleur n'est en rien comparable à celle que provoque un fauteuil de théâtre. Non, le théâtre ne fait pas mal à la tête, il fait mal au cul! Le velours grenat des fauteuils cache des sacs de vis et de boulons. Le théâtre est subventionné par Bricorama !

Et tes jambes, tu les mets où, tes jambes ? Seuls les culs-de-jatte peuvent glisser leurs moignons entre leur siège et celui de devant. Manque de bol, le théâtre en question n'est pas équipé de rampes d'accès pour les mutilés de guerre.

Le jeu des acteurs ne laissera aucun souvenir au spectateur, la crampe au mollet provoquée par la rambarde du balcon, si. Mais en sortant du spectacle, c'est la pièce que personne n'a vue que tout le monde commentera. Alors que les spectateurs qu'on a essayé de transformer en bonsaïs se dirigent vers la sortie comme des zombies tout juste opérés de la hanche, aucun d'entre eux ne peste contre la torture qu'il vient d'endurer. Ça ne se fait pas. La culture ravit l'esprit, mais ne peut pas faire souffrir le corps. Ce serait vulgaire de prétendre le contraire. Les gangsters qui gèrent les salles de théâtre ont réussi à convaincre leurs victimes que le cul ne communique pas avec le cerveau. Et ça marche. Dans les magazines culturels, le critique dira que telle pièce est géniale ou très nulle, mais il taira que, dans tel théâtre, il est impossible pour le spectateur normalement constitué de rester en équilibre sur une fesse durant deux heures sans perdre la raison. Critiques, collabos !

Je crois que vous en serez d'accord, il faut amputer les miches des directeurs des jolis théâtres pour les leur greffer sur la tête. *Amen.*

MORT AUX BIZUTAGES QUI TOURNENT MAL !

La loi interdit les bizutages. Depuis 1998, c'est un délit. Avant cette date, le cul de chaque Français était livré à la confrérie des manches à balai. Avant d'être admis au sein du magnifique corps des pompiers, d'une grande école d'ingénieurs ou d'un club de boules lyonnais, les anciens (on appelle ancien tout membre d'un groupe dont l'anus a eu le temps de cicatriser) se vengent sur les novices des sévices qu'ils ont eux-mêmes dû subir de la part de plus anciens. L'humilié qui se défoule sur un innocent se met au niveau du pervers qui l'a humilié. C'est le principe du bizutage.

Le bizutage avait, paraît-il, la vertu de souder le groupe. La connerie arrosée de méchanceté serait un ciment à prise rapide. Mais le rituel dégueulasse qui transformait le petit nouveau en vieille ordure nazie a été aboli... Il n'y a donc plus de vieilles ordures nazies qui sortent des grandes écoles ? Si. Elles sont maintenant formées au cours de week-ends d'intégration. La différence entre un week-end d'intégration et un bizutage ? Le nom. Pour le reste, vous sortirez d'un week-end d'intégration avec autant de cirage sur la bite que d'un bizutage. Le week-end d'intégration est donc un bizutage, et le bizutage est interdit par la loi.

Lorsqu'un rare — mais courageux — bizuté décide de dénoncer ses tortionnaires et par conséquent de foutre en l'air toute sa vie professionnelle, le journaliste qui relate les faits ne peut pas s'empêcher d'évoquer « un bizutage qui a mal tourné ». Ce genre de crétin doit sortir d'une école de journalisme où le bizutage est encore en vigueur. (Précisons que la vie d'un journaliste n'est souvent qu'un long bizutage. Il doit, pour continuer de passer à la télé, sucer la bite de son patron tout en malaxant les couilles des politiques qu'il interviewe...) Le crétin, donc, laisse entendre qu'il y a des bizutages qui tournent bien. Il n'y a pourtant pas de bons et de mauvais bizutages, tous les bizutages sont des délits réprimés par la loi. Comment un délit pourrait-il bien tourner au profit de la victime ?

« Ouais, pense le journaliste, mais enfoncer une bouteille dans le fondement d'un jeune collègue, c'est pas la même chose que lui casser des œufs sur la tête. » Effectivement, se faire enculer contre son gré, ce n'est pas qu'un bizutage, c'est aussi un viol. Alors que se faire shampouiner contre son gré est juste un délit. Un bizutage qui tourne mal, ça serait donc un délit qui devient un crime... Y a des claques qui se perdent.

Les larves qui acceptent en souriant de se faire bizuter ne se transformeront pas en papillons comme le leur promettent leurs bourreaux. Elles resteront à jamais ces larves qui acceptent l'arbitraire, la bêtise, l'injustice et la souffrance. C'est la finalité du bizutage. Il ne s'agit pas d'un rite initiatique qui permet à l'élève de s'émanciper du maître, il s'agit d'un rite par lequel on fait allégeance à l'ordre établi. Le bizutage est la promesse que rien ne changera jamais.

Je crois que vous en serez d'accord, il faut enfoncer très profond et sans l'aide de matière grasse leur carte de journaliste dans le cul de ceux qui osent affirmer qu'un bizutage « a mal tourné ». Et ce n'est pas un bizutage, c'est une sentence. *Amen.*

MORT À « ON LÂCHE RIEN » !

Ça m'ennuie d'en arriver là, mais c'est devenu intenable… Comment participer à des manifestations syndicales, à des rassemblements militants de gauche, à des meetings politiques révolutionnaires en sachant qu'on ne pourra pas éviter d'entendre scander, brailler, chanter la bête phrase. « On lâche rien », crachote la sono… « On lâche rien » sur tous les tons. Le résumé des discours enflammés qu'on vient d'entendre ? « On lâche rien. » Comment de grandes luttes peuvent-elles être accompagnées de slogans aussi cruches ?

Qu'est-ce que je vois quand j'entends « on lâche rien » ? Un chien auquel son maître essaie de retirer le bâton qu'il tient dans sa gueule. Et plus le maître tire, plus le chien serre les mâchoires. Le chien, c'est nous. On ne veut pas lâcher ce que la droite ne nous a pas encore volé. On ne veut pas lâcher les derniers acquis que les socialistes au pouvoir n'ont pas cédés au CAC 40. On serre les dents sur les quelques avancées sociales de 1936 ou de 1981 qui n'ont pas été mutilées… On a tellement « lâché » au cours de ces dernières années que le slogan « On lâche rien » n'est pas un slogan de lutte. C'est un slogan d'assiégés loqueteux qui ne veulent pas qu'on leur prenne leur dernier bout de pain. Ce n'est pas un slogan qui fait trembler le capital, c'est un slogan qui fait pitié. Il ne nous reste que notre slip, mais vous ne l'aurez pas, tralala ! Nul doute, ils sont terrorisés dans le camp d'en face.

« On lâche rien » me fout le moral à zéro. C'est « On conquiert tout » qu'il faut gueuler ! Bon, d'accord, ça sonne pas terrible à l'oreille, mais il y a bien un musicien génial qui saura en faire un hymne chantable. Tout ce qu'ils ont, ils nous l'ont volé ! On est bien d'accord. Donc on va faire en sorte de le reprendre. Et non seulement on va reprendre ce qu'on a perdu, mais on prendra tout le reste.

Le misérable bâton que le maître essaie de nous arracher, on peut le lâcher. Les crocs du chien libérés seront alors disponibles pour s'enfoncer dans la chair du connard qui a l'air malin avec son bout de bois à la main. On pourra chanter « on lâche rien » quand on leur aura tout pris et qu'ils essaieront de récupérer une partie de leur butin.

« On lâche rien » est un slogan qui fait totalement l'impasse sur ce qu'on a déjà lâché. C'est un slogan qui entérine le fait que ce qu'on a perdu, on ne le retrouvera jamais. Contentons-nous de ce qu'il nous reste... Non !

Je crois que vous en serez d'accord, il faut faire comparaître pour haute trahison l'inventeur de ce slogan devant un tribunal révolutionnaire et l'obliger à chanter *La Danse des canards* dans un costume approprié devant le siège du Medef. *Amen.*

MORT AUX SURFEURS!

Un requin lui a arraché une jambe! Une jaaaaaambe! Le surfeur s'est vidé de son sang, s'est échoué, et il est mort sur le sable de telle plage de La Réunion ou d'ailleurs… Un drame, évidemment.

Et les surfeurs survivants de striduler et de hoqueter: c'est un scandale, une honte, une atteinte majeure aux droits de l'homme, si on ne peut plus se livrer à notre passion sans risquer de se faire becqueter par les dents de la mer! On veut que les autorités lancent une fatwa contre l'animal assassin! On veut se venger de cette ignoble saloperie! Pourquoi la mairie n'a-t-elle pas posé des filets pour empêcher les prédateurs d'approcher les côtes? *Nos* côtes! Mieux: pourquoi on ne construit pas une sorte de mur de Berlin sous-marin? Qu'est-ce que vient faire un squale dans notre milieu naturel, putain! Un squale sans planche et même pas bronzé! Notre seul point commun, c'est la dent de requin qu'on a autour du cou. Et encore, le monstre préhistorique, lui, ses dents, il les porte comme les ploucs: dans la bouche! Aucun style!

C'est que ça gueule, un surfeur, quand on lui tend le micro. On regrette que les requins ne soient tueurs d'hommes que par accident. Je leur offrirais bien des harpons, aux chipoteurs de surfeurs, mais ces andouilles n'ont pas de pouce opposable. Conneries de nageoires! Il va falloir attendre des millions d'années pour qu'un requin sorte de l'eau et achève d'une rafale de kalachnikov le bellâtre en short fluo qui raconte le drame qu'il vient de vivre à un journaliste de TF1.

Oh, Brice de Nice, ça te viendrait à l'idée de faire, je sais pas moi, du paintball dans une forêt infestée de tigres? Bah, naaaaan... Et pourquoi? Pa'ce que j'aime pas le paintball... Hé, Brice de Merde, crève, c'est ce que tu fais de mieux!

De quoi a-t-on le plus besoin, de surfeurs ou de requins? Le surfeur fait marcher le commerce des planches et des chichis au sucre, le requin, lui, nettoie la mer de tous ses animaux souffreteux, malades, abîmés. Le surfeur vautré sur sa planche se prend pour un sportif de haut niveau, le requin, lui, le prend pour une tortue handicapée. Le requin ne nettoie pas les océans que des clopin-clopant, il les nettoie aussi des connards. Vive le requin-bouledogue, vive le requin-tigre, vive tous les machins à grandes dents qui moulinent les branleurs suffisants avant de les chier!

Ouais, mais le surf, c'est une passion! Avant, seules les religions justifiaient toutes les aberrations, maintenant, c'est la passion. Moi, ma passion, c'est de danser le hula hoop dans les savanes peuplées de rhinocéros. C'est là qu'on danse le mieux le hula hoop. Comment ça, c'est dangereux? Quelqu'un voudrait s'y opposer? S'opposer à MA passion? Scandale! J'ai moins de 7 ans d'âge mental et, si on me contrarie, je me roule par terre. Fais mieux que ça, surfeur, roule-toi dans l'eau ! Dans une eau bien trouble de l'océan Indien, passé 17 heures…

Je crois que vous en serez d'accord, il faut autoriser la chasse aux surfeurs dont les gourmettes bouchent les intestins de nos amis les requins. *Amen.*

MORT
AUX BISTROTIERS CARAFOBES !

« Et comme boisson, vous avez choisi ? », demande l'onctueux bistrotier. Oui, on a choisi : « De l'eau... Une carafe d'eau, s'il vous plaît », répondez-vous. Les zygomatiques commerciaux qui maintenaient douloureusement un sourire sous le nez du patron se relâchent, ses babines s'affaissent, le sourire coule. Il vous arrache les menus des mains et disparaît dans le graillon de sa cuisine.

Vous pouvez traiter de tous les noms un patron de restaurant, il vous dira merci, le client est roi puisqu'il paie. Oui, vous pouvez même brûler les serveurs avec votre clope, violer la patronne et vomir dans le seau à champagne, c'est compris dans le menu. Mais commander une carafe d'eau, c'est une humiliation gratuite. Oui, gratuite, dans le sens de non rémunérée.

Dans le pire des cas, vous attendrez en vain la carafe durant tout le repas. « Oui, oui, on vous l'apporte tout de suite », mentent les serveurs auprès desquels vous n'avez cessé de quémander un peu d'eau. Au moins de quoi faire passer cette purée à prise rapide qui commence à vous étouffer.

Dans le meilleur des cas, vous l'aurez, votre carafe. Une carafe dont le contenu vous permettra de remplir deux verres. C'est con, vous êtes six à table. Ouais, bah, va falloir rationner. Parce que d'ici que le garçon, exaspéré par vos demandes répétées, vous ravitaille de nouveau, vous avez plus vite fait de boire l'eau du vase qui décore votre table et dans laquelle trempouille une fleur en fin de vie. D'ailleurs, certains désespérés le font. Et pourquoi pas servir l'eau dans des dés à coudre ? Chut ! N'émettez pas cette idée grotesque devant un restaurateur, elle n'est grotesque que pour vous. Le commerçant est bien capable de la reprendre à son compte sans vous payer de droits…

Pourquoi utilisent-ils des carafes aussi petites, bordel ? Mais simplement pour vous dresser ! ? Vous n'êtes pas seulement au restau, mais aussi dans un camp de rééducation. Un jour, vous comprendrez que vous êtes dans cette brasserie pour consommer et pas pour vous désaltérer avec de l'eau du robinet. Et pour bien vous faire comprendre qu'il faut arrêter de biberonner de la carafe, souvent, vous y trouverez de l'herbe. Ce dépôt verdâtre qui recouvre le fond, c'est la végétation qui pousse dans les eaux stagnantes. Ça montre que la carafe n'est pas nettoyée régulièrement. Une erreur ? Non, le patron fait exprès de transformer ses carafes en marécages. Vous commandez à boire, on vous sert le Marais poitevin ! Et tiens, il y a moins d'algues vertes sur les plages de Bretagne que dans le fond des carafes qu'on vous sert dans les bistrots tenus par des rapiats.

Faites l'expérience : votre carafe ne vient pas, alors commandez une bouteille de vin ou une bouteille de San Pellegrino ou d'une autre marque de flotte à bulles à goût de médoc dégueulasse... Elle vous sera servie en moins de deux.

Je crois que vous en serez d'accord, il faut obliger les restaurateurs à boire l'eau de la piscine qu'ils se sont payée en assoiffant leurs clients et dans laquelle ils font tremper leur gros cul pendant des heures. *Amen.*

MORT AU « BÉBÉ À BORD » !

Sur la lunette arrière de la bagnole qui vous précède est collé ce panneau jaune évoquant ceux qu'on peut voir sur les routes australiennes ou américaines. Il ne signale pas une route sinueuse ou un passage de kangourous, mais la présence d'un bébé à bord… Ça a dû faire marrer le premier con qui a trouvé l'idée de parodier un panneau de signalisation en remplaçant l'objet du danger par un bébé. Ah. Ah. Ça a dû faire marrer le premier con qui a vu le carré jaune au cul de la voiture du comique qui venait de le doubler. Ah. Ah. Et puis ça s'est répandu comme une vérole. On a l'impression que les mômes sont livrés avec le fameux panneau. Pour la ponte de tout gamin, un « bébé à bord » offert ! « On a dû faire une césarienne, le panneau "bébé à bord" ne passait pas »…

Que peut bien se dire le couple qui colle « bébé à bord » sur la Kangoo ? On va faire rire les milliards de tocards qui ont eu la même idée que nous ? On va indiquer au chauffard qui nous suit de ne pas nous envoyer dans le décor ? Ah, ça, ça va l'émouvoir, le tueur de la route ! Le taré alcoolique va se ressaisir en constatant qu'il risque de bousiller un chiard, c'est sûr… Tout ce qui n'est pas un bébé peut bien finir dans le fossé, tout le monde s'en fout, mais un bébéééééé, c'est sacréééééé ! Un bébé tout mignon ! Mais, au fait, s'il est vraiment mignon, ton bébé, colle sa photo. Chacun pourra juger s'il mérite ou non qu'on balance ta Kangoo sur le rail de sécurité. Il est trop moche, ton môme, queue de poisson !

C'est quoi, ces parents qui prennent en otage leur enfant pour ne pas se faire emmerder sur la route ? Le panneau « tueurs en série à bord » serait plus efficace que « bébé à bord » pour calmer le bolide qui vous suce le pare-chocs. Le panneau « bébé à bord » révèle simplement que le pauvre gosse qui est dans le véhicule a des parents tellement pas drôles qu'ils achètent leurs traits d'humour chez le marchand d'humour industriel. Ça pue la famille sous antidépresseurs qui va bouffer les tomates farcies chez mamie. Ils ont acheté le « bébé à bord » parce que tout le monde le fait, ils vont bouffer les tomates farcies parce que tout le monde le fait. Ils s'emmerdent parce qu'on leur a dit que c'était ça la vie et qu'ils l'ont cru. Ils aiment les bébés et les tomates farcies parce que c'est obligatoire.

Je crois que vous en serez d'accord, il faut que la DDASS retire la garde des enfants dont les parents collent « bébé à bord » sur leur bagnole. Les petits malheureux arrachés à ces géniteurs chiants seront adoptés par des couples alcooliques qui roulent sans permis. *Amen.*

MORT À BRASSENS !

Il y a toujours dans une soirée un moment où ça cause musique. Le quart d'heure je-me-prends-pour-un-critique-des-*Inrocks* est généralement coincé entre les deux heures de pleurnicheries je-me-fais-chier-à-mon-boulot et j'aurais-dû-mettre-une-capote-avec-Jacqueline-maintenant-il-faut-que-je-fasse-un-test-de-paternité. Profitez de la séquence musique pour affirmer très fort que vous ne pouvez pas blairer Brassens. Quel que soit l'auditoire, vous lirez la stupeur sur les visages avinés. Du fan de zouk au malade de punk, tous, ils se ligueront contre vous. Il y a deux trucs vraiment risqués et qu'il ne faut donc pas faire en France en ce début de XXIe siècle : dessiner Mahomet et dire que Brassens vous emmerde. Brassens ! Le terme « brassensophobe » n'a pas encore été inventé parce que personne n'osera jamais avouer que le chanteur qui mâchonne sa moustache et suçote son tuyau de pipe est un puissant laxatif.

Il a des pommes de terre trop chaudes plein la bouche, Brassens, du coup ça l'empêche de vraiment donner de la voix. Et quand les patates sont vraiment trop chaudes, il monte d'un ton et il chuinte. Et tout ça pour nous raconter quoi ? Que les amoureux qui se bécotent sur le banc public se foutent pas mal du regard oblique des passants honnêtes ? Mais qui se bécote dans cette pièce ? Et sur un banc à la con en plus ! Personne !

Les amoureux s'enfilent dans les caves pendant que les passants honnêtes roupillent devant la télé en se foutant pas mal de qui enfile qui. Brassens chante une France morte, une France en polo beige qui bouloche, une France qui cuisine tout au beurre, une France qui sent le tabac froid. Cette France-là, heureusement, ne ressuscitera jamais. Les chansons de Brassens, c'est comme cette photo dite du baiser de Doisneau accrochée dans toutes les salles à manger : on doit aimer, c'est obligatoire. Personne ne connaît vraiment l'œuvre des deux types, mais on sait qu'il faut aimer ça sous peine d'excommunication.

Ploum-ploum-ploum, fait Brassens avec la bouche et la guitare pour nous endormir. Attention, si cette machine à laver qui n'arrive pas à entamer son programme essorage te donne envie de te flinguer, c'est que tu es un ennemi de la culture, de la poésie, de la chanson fraaaaaaançaise. Et peut-être même que tu es un nazi. Oui, parce que Brassens était anarchiste. Mais alors c'est génial ! Si tout le monde aime Brassens, c'est que tout le monde est anarchiste ! Hélas... Les mêmes qui n'aiment pas le rap parce que c'est une musique de voyous adorent Brassens parce que son anarchisme en bocal ne menace plus rien ni personne. Brassens défie l'ordre établi, il met parfois un pied sur un tabouret pour gratter son instrument de torture acoustique. Et vas-y que le petit cheval dans le mauvais temps qu'il avait donc du courage pour supporter les brames du moustachu ! La pauvre bête ne lève pas assez haut les pattes avant pour pouvoir se boucher les oreilles avec ses sabots. Et si, 99 fois sur 100, la femme s'emmerde en baisant, c'est bien fait pour sa gueule ! Si elle n'écoutait pas du Brassens pendant qu'elle se fait bouffer le cul, elle serait peut-être un peu plus à ce qu'elle fait.

Je crois que vous en serez d'accord, il faut enfermer les brassendolâtres dans un stade et leur diffuser les chœurs de l'Armée rouge pendant quinze jours en leur expliquant que, s'ils n'aiment pas, c'est bien la preuve qu'ils ne sont pas de gauche. *Amen.*

MORT
AUX TONTONS FLINGUEURS!

« Les cons, ça ose tout, c'est même à ça qu'on les reconnaît. » Au palmarès des sentences les plus citées par les imbéciles, la fameuse réplique tirée des *Tontons flingueurs* arrive en deuxième position juste derrière ce qui est devenu l'insupportable « On peut rire de tout, mais pas avec n'importe qui », de Desproges.

Audiard souffre du même mal posthume que Desproges. Il a écrit des milliards de trucs marrants, mais il se trouve que 65 millions de Français ne régurgitent qu'une seule de leurs phrases et toujours pour conclure leur conversation de merde. À tel point que la réplique rigolote, déclamée par tous les sinistres tontons Marcel du pays, est devenue une sentence plus que lourdingue. Le cuistre qui n'a pas les moyens de caler ses propos bancals avec une citation d'Hannah Arendt le fait avec une citation d'Audiard. Il lève le doigt et, la bouche en cœur, nous sort pour la neuf cent milliardième fois que, les cons, ça ose tout... Les cons, ça ose surtout citer du Audiard en boucle. La phrase n'a plus ni goût ni saveur, la salive des abrutis est le plus efficace des détergents de la langue française.

Le pauvre mec récite son psaume d'Audiard comme le ferait un cureton en chaire. Plus aucun humour n'habite cette réplique sans prétention. Ce qui était une virgule dans un film comique est devenu l'église du Sacré-Cœur. Quand quelqu'un transforme une blaguounette en arrogante meringue littéraire, on devrait avoir le droit de tirer à vue. Tant que ce droit n'a pas été inscrit dans la loi, il vaut mieux se maîtriser. Lorsque quelque part vous entendez quelqu'un commencer par « comme disait Audiard », vous avez juste le temps d'évacuer les lieux avant de vous farcir encore une fois « les cons, ça ose tout ». Oui, oui, vous avez bien entendu, il a dit « comme disait Audiard » ! Parce qu'en plus le baltringue cite ses sources, des fois qu'on penserait à tort qu'il est l'auteur de cette pensée bouleversante ! Mais avec qui peut-on le confondre, le rabâcheur d'Audiard ? Un cendrier plein, peut-être, ou bien une verrue plantaire... T'inquiète pas, pépère, personne ne te poursuivra pour plagiat. Comme disait le grand Spinoza à Descartes dans un film fameux : « Va te faire chier dans la bouche, t'auras meilleure haleine ! »

Je crois que vous en serez d'accord, il faut obliger les radoteurs d'Audiard à se regarder dans la glace chaque fois qu'ils s'apprêtent à citer l'auteur, afin qu'ils comprennent enfin à quoi l'on reconnaît un con. *Amen.*

MORT
AU FLOUTAGE DES TÉTONS !

Lorsque des Femen, les seins en étendard, montent à l'assaut du patriarcat, une partie de la presse rend compte de l'événement en publiant des photos floutées. Si l'arrondi du sein est parfaitement visible, les tétons semblent avoir été passés au papier de verre. Le petit bout plus rose que le reste a été flouté. Lorsque des effeuilleuses burlesques se dessapent devant leur public, elles gardent ventousés à l'extrémité de leurs énormes mamelles deux cache-tétons ridicules. Bref, la société nous dit que le sein féminin est une bombe érotico-pornographique dont le téton serait le détonateur.

Car le sein masculin, lui, ne souffre d'aucune censure. Le téton de l'homme n'est jamais masqué. Pourtant, ce qui fait la différence entre un sein d'homme et un sein de femme, ce n'est pas le téton. Les deux genres en sont pourvus. En revanche, il est rare de trouver un homme avec un volume mammaire équivalent à celui d'une femme. Si le sein de la femme a un pouvoir érotique particulier, c'est dans la taille de la boîte à lolo qu'il réside, et pas dans le décapsuleur. Le décapsuleur est unisexe.

Quitte à flouter quelque chose, pourquoi les censeurs ne floutent-ils pas soit toute la poitrine de la femme, soit la poitrine de la femme à l'exception du téton ? Que de prudes journalistes trouvent rassurant de mutiler des nichons à coups de pixels hypertrophiés, c'est totalement débile, certes. Mais la bêtise, aussi puissante soit-elle, ne devrait pas empêcher une certaine cohérence. Tiens, pourquoi ceux qui s'appliquent fébrilement à masquer les tétons en laissant visible le principal n'appliquent-ils pas la même méthode avec le sexe féminin ? Pourquoi ne floutent-ils pas uniquement le clitoris ? Ou bien les grandes lèvres ? Ou bien ce que leur cerveau malade trouvera de plus dérangeant dans le sexe d'une femme ?

Pour répondre à ces questions, il faudrait réussir à capturer vivant un journaliste dont la mission est de censurer les tétons. Mais quel tocard acceptera de reconnaître que son vrai métier consiste à débusquer et à rendre invisibles des cerises sur le gâteau ? Il préférera se jeter du dernier étage de la tour TF1 plutôt que d'avouer qu'il doit sa carte de presse à son obsession du bout rose. Et s'il accepte le ridicule, osera-t-il dénoncer l'autorité qui a édicté les règles éthiques auxquelles il se réfère pour gagner son pain ? J'ai contacté le CSA pour avoir une réponse. Rien. On a plus de chances d'obtenir la confession d'un assassin corse qu'une explication de la part du CSA. Il y a pourtant un membre du CSA délégué à la surveillance de la turgescence tétonique. Personne ne connaît son nom. Le squelette du dernier aventurier parti à sa recherche a récemment été retrouvé dans une bouche d'aération du Conseil supérieur...

Je crois que vous en serez d'accord, à une prochaine manif, il faudra se scotcher de faux tétons sur les couilles afin de ridiculiser les journalistes censeurs qui montreront les testicules à la télé, mais flouteront les pastilles roses collées dessus. *Amen.*

MORT AU CHAMPAGNE OBLIGATOIRE!

C'est la fêêêêêête! Ah. À quoi tu vois ça? Mais y a du champagne! C'est ainsi, toutes « les grandes occasions » sont arrosées de champagne. Cette pisse aigre et gazeuse qui ramone l'œsophage est inévitable. On peut échapper à tous les bizutages en luttant un peu, mais pas à celui qui consiste à lamper du champagne. Au fin fond de n'importe quel trou à rats, tu tomberas toujours sur un blaireau avec une bouteille à la main. Je suis sûr que dans le couloir des condamnés à mort aux États-Unis, on picole du champ' de temps en temps! Des pèlerins partis à La Mecque ont eu la curiosité de soulever le voile noir qui recouvre la Kaaba, c'est une réserve de champagne! Ils sont rentrés très déçus...

Même celui qui ne boit jamais d'alcool a dû consentir un jour à tremper ses lèvres dans une coupe. Si tu refuses de céder au rituel, le maître de cérémonie te dira que si tu n'aimes pas ça, c'est que tu n'en as jamais goûté de bon. Alors, convaincu que tu as la chance de déguster un nectar exceptionnel, tu fourres tes lèvres dans cette flûte en plastoc qui te râpe le nez. Pouah! C'est une immonde piquette! Mais tu ne dis rien, tu avales le machin et même tu rotes pour bien montrer que les bulles ont fait leur métier de bulles. Ha, ha!

T'as fait plaisir à l'abruti qui guettait ta réaction. Il est bon, hein ! Il vient d'un petit producteur que personne ne connaît et qui me fait des prix... Tu m'étonnes que personne ne le connaît, il doit être recherché pour empoisonnement dans plusieurs pays, l'escroc ! Il trait des boucs morts pour la faire, sa bibine ! Le pompon, c'est quand le foireux œnologue te braille dans les oreilles : « Si tu veux, je peux t'en commander, j'ai des prix... »

Ouiiiiii, il y a des bons champagnes, c'est pas la question ! Mais même s'il n'y en avait que des bons, pourquoi est-il obligatoire d'en avaler à tout bout de champ ? La fête à laquelle tout le monde est en train de s'emmerder ne peut pas être ratée, il y a du champagne ! Le champagne, qu'on se le dise une bonne fois, n'est pas une potion magique pour réussir les baptêmes, les mariages, les pots de départ et les enterrements. Les tristos et les tocards pensent pouvoir compenser leur absence totale du sens de la fête par du pinard à bubulles. Ça ne marche pas ! Mais si, c'est la fête, le bouchon a fait « spoup ! ». Il a laissé une trace au plafond, c'est bien la preuve ! C'était le 31 décembre de l'année dernière, tu te souviens ! Oui, comme tous les ans depuis des millions d'années, le bouchon a fait « spoup ! » et il a laissé une trace au plafond... Même que la précieuse bouteille a éjaculé de la mousse sur la moquette ! Mais ça tache paaaaaaaaaas, c'est du champaaaaaagne !

La seule occasion qui mérite qu'on fasse les frais d'une bouteille de champagne, c'est lorsqu'il s'agit de baptiser un navire. D'accord, c'est con. Mais au moins, la bouteille qu'on éclate sur la proue, personne ne sera contraint de la boire. Bon, c'est vrai, c'est triste pour les poissons.

Je crois que vous en serez d'accord, il faut foutre à genoux tous les porteurs de nœuds papillons qui servent du champagne avant de les exécuter d'un tir de bouchon derrière la nuque. *Amen.*

MORT À LA STIGMATISATION DU *BINGE DRINKING*!

Bon, d'accord, il ne faut plus dire *binge drinking,* mais « beuverie express ». Un avis dans ce sens a été publié au *Journal officiel*. La francisation des termes qui désignent cette pratique née en Angleterre doit faire partie de la stratégie des autorités sanitaires pour en limiter l'influence en France. On se souvient que dès que le Walkman a été rebaptisé « baladeur », les ventes se sont effondrées. Tiens, convenons que, à partir d'aujourd'hui, le nom français de Brad Pitt est Michel Galabru. Ah, ça vous excite moins, les filles! Qui irait voir *World War Z* avec Galabru?

Donc se bourrer la gueule en un temps minimal est un phénomène qui se répand comme une traînée de vomi en France, et c'est mal. Notre jeunesse est menacée. Mais contre quoi lutte-t-on lorsqu'on fait la chasse au *binge drinking*? Contre l'alcoolisme? Bien sûr que non, bande de faux culs! Ce qu'on ne supporte pas au pays du pinard *akbar*, c'est que nos enfants avalent cul sec une bouteille de mauvaise vodka aromatisée au caramel. On préférerait les voir siroter le sang de la terre à petites gorgées. Il faut se rincer les dents un quart d'heure avec sa lampée de vin rouge avant de l'avaler, sinon, c'est pécher. Il faut faire claquer sa langue et puis émettre des glouglous satisfaits et des aaaaaaah et des shuiiirp entre chaque levée de coude. C'est la tradition. Une beuverie en France ne doit pas être express, c'est une faute de goût. On peut finir la tronche fracassée dans le caniveau à condition d'avoir fait ça sérieusement. Si l'Anglais bâcle, le Français s'applique. On met souvent une vie de labeur à façonner une belle cirrhose à l'ancienne. C'est notre fierté.

Évidemment, les détracteurs de la beuverie express ne se sont pas interrogés sur ce qui poussait notre jeunesse à se liquéfier les neurones le plus rapidement possible. Ce ne serait pas le signe d'un malaise profond ? demande le journaliste qui ne boit que de l'eau (tu parles !) au sociologue qui ne boit que du lait (tu parles !). Qu'un jeune boive en deux heures ce que boit un adulte en une soirée, c'est signe de malaise... C'est surtout un signe d'extraordinaire maturité.

Pourquoi passer des heures et des heures autour d'une table à subir la conversation de lourdauds dépressifs en attendant que se fassent ressentir les effets de l'alcool ? Les jeunes ne sont pas moins cons que leurs aînés, mais eux, au moins, sont lucides sur leur condition d'abrutis. Ils n'ont rien à dire et ils se foutent de connaître les détails sordides de l'existence de leurs compagnons de picole. À quoi bon faire semblant d'avoir une vie sociale ? Enfants, ils ont enduré les interminables jacasseries apéritives de leurs parents parfumées à la cacahuète et au Justin Bridou. Ils n'ont pas envie de revivre ça. Au fait, et vite ! Comment un pays d'alcooliques peut-il reprocher à sa jeunesse de ne pas respecter les codes ancestraux du bourrage de gueule ?

Je crois que vous en serez d'accord, il faut gerber dans les oreilles des détracteurs du *binge drinking* afin qu'ils comprennent ce que ressentent les jeunes qui supportent leurs leçons de morale. *Amen.*

MORT AU JOUR D'AUJOURD'HUI!

La question n'est pas de savoir si l'expression « au jour d'aujourd'hui » est du bon français. Bon français ou pas, il faut très vite enrayer la propagation de ce qui est en train de devenir un dangereux tic de langage. « Au jour d'aujourd'hui » répété douze fois dans une conversation peut très bien déclencher d'irrépressibles envies de meurtre. Bien entendu, celui qui affirmera devant un tribunal qu'il a sauvagement assassiné sa grand-mère parce qu'elle a prononcé une fois de trop « au jour d'aujourd'hui » bénéficiera de circonstances atténuantes. Mais, bon, faire six mois de prison pour avoir tué une vieille au lieu d'écoper d'une peine incompressible de trente ans, ce n'est pas satisfaisant. Si l'on peut échapper au traumatisme d'un séjour en prison, c'est mieux.

Expliquons d'abord gentiment aux usagers du « jour d'aujourd'hui » que « aujourd'hui » est déjà en soi un pléonasme, puisque « hui » signifie « ce jour ». Et que ce n'est pas parce qu'ils expriment une troisième fois cette notion de « jour » d'entrée de phrase que ce qui suit est d'une incontestable intelligence. On comprend bien qu'ils appuient violemment sur le fait que ce dont ils parlent concerne cette belle journée et pas une autre. Mais pour quoi faire? « Au jour d'aujourd'hui, je n'ai plus de points sur mon permis. » Tu veux dire que, là, maintenant, tout de suite, au moment où tu me parles, à l'instant présent, pour ainsi dire à l'heure actuelle, là, là, tu n'as plus de... de quoi, déjà, j'ai oublié?

Contrairement à ce que pense le plouc, qui trouve très chic de se mettre le plus de mots possible dans la bouche, «au jour d'aujourd'hui» ne renforce pas l'importance de son propos, mais sa vacuité. Le lourdaud va se moquer de bon cœur du débit grotesque d'un bègue, alors que lui-même, avec son «jour d'aujourd'hui», aura répété trois fois «jour ».

À celui qui vous martèle le « jour d'aujourd'hui », demandez ce qu'il pense d'une situation au jour du lendemain d'aujourd'hui. « Si au jour du lendemain d'aujourd'hui, tu avais eu encore des points sur ton permis, ça aurait été cool, non? » Bon, d'accord, c'est mal de se moquer. Mais, en même temps, il est assez peu probable que quelqu'un qui dit « au jour d'aujourd'hui » sans savoir pourquoi s'offusque du fait que vous évoquiez le jour du lendemain d'aujourd'hui. Il est même susceptible de prendre votre blague au sérieux et de populariser votre expression foireuse.

Sous l'Ancien Régime, l'andouille faisait des moulinets avec son chapeau à plumes pour se faire remarquer, sous Hollande, il fait des moulinets avec les «jour».

Je crois que vous en serez d'accord, il faut agrafer la langue de celui qui refuse de renoncer au « jour d'aujourd'hui » à un calendrier afin qu'il vérifie régulièrement qu'on est bien le jour d'aujourd'hui. *Amen.*

MORT AUX COUPLES AVEC ENFANTS!

Les amis sont venus avec leurs gosses. Deux. Un garçon, une fille. Trois et cinq ans. Les grands-parents ont prétendu qu'ils ne pouvaient pas les garder ce week-end-là parce qu'ils allaient visiter le Mont-Saint-Michel. En réalité, les grands-parents n'ont pas bougé de chez eux. Ils ont tiré les rideaux, débranché le téléphone, fumé des pétards et tenté d'avoir une relation sexuelle. La vérité, c'est que leurs petits-enfants, ils ne peuvent plus les voir. Pas seulement à cause de leurs sales gueules édentées, de leurs cheveux filasse et du filet de morve qui la moitié de l'année leur fait une moustache d'Hitler vert fluo. Ce n'est même pas parce que c'est crevant de s'occuper de deux chiards, mais tout simplement parce que c'est chiant.

Les parents qui s'extasient devant les prouesses de leur progéniture n'ont jamais observé celle des autres... À âge égal, les gosses font tous à peu près la même chose: des dessins moches, des taches, des bouses et des crises de nerfs. Les grands-parents en ont ras le bol de jouer l'étonnement et de feindre l'admiration quand le plus petit réussit à chier dans le pot sans en foutre sur la moquette. Tiens, entre regarder un documentaire sur les baleines à la télé et surveiller le petit qui pond son repas du midi, les vieux, ils préfèrent le documentaire sur les baleines. Ils peuvent encore apprendre des choses des cétacés, plus rien des enfants. Et puis c'est rare qu'une baleine vienne foutre le bordel dans ton salon…

Du coup, les parents ont emmené leurs enfants à ce week-end qui devait être sympa. En deux jours, il n'aura été possible de mener à son terme aucune conversation avec le couple d'amis en question. Tout échange est interrompu au bout de treize secondes par un des gamins qui : brandit une feuille de papier barbouillé (c'est un dessin), vomit, veut faire pipi, chante, saute de la deuxième marche des escaliers, s'écrase la tronche par terre, cogne l'autre, veut faire caca, s'étrangle avec une croquette pour chien, pose une question, exige une réponse, pleure, hurle, réclame à boire, renverse le verre d'eau parce qu'il veut du Coca, renverse son verre de Coca parce que ses doigts de mollusque boudinés sont trop courts pour faire le tour du verre, fait une crise d'asthme et… meurt. Non, je plaisante, aucun gamin ne meurt jamais quand ses parents l'emmènent avec eux en week-end chez vous. Jamais ! Ou alors, il faut avoir une piscine… Non, les gamins aujourd'hui naissent avec une espérance de vie qui frôle les cent ans. Faut pas rêver. Il va falloir attendre qu'ils aient le permis et qu'ils se tuent sur la route au retour de boîte de nuit pour que l'espérance de vie de leur génération baisse un peu. Pourquoi ne donne-t-on pas le permis de conduire aux enfants dès leur plus jeune âge ?

Les parents, au lieu d'ignorer les crapauds-buffles qui s'agitent dans leurs pattes s'interrompent sans cesse pour leur accorder une attention disproportionnée. Si un môme tombe, les hurlements de la bête sont couverts par les exclamations de la mère et les grognements du père. Les parents ajoutent de la nuisance sonore à la nuisance sonore, de la connerie à la connerie.

Au moins, avec ce genre d'amis, on ne peut s'engueuler sur aucun sujet sérieux, puisqu'on ne peut parler de rien. Même évoquer l'éducation des enfants est impossible. Un des chiards aura foutu ses doigts dans la prise avant que vous ayez eu le temps de dire à vos amis qu'ils sont incapables d'élever des enfants.

Je crois que vous en serez d'accord, il faut stériliser de force vos meilleurs amis en les plongeant six mois jusqu'à la ceinture dans le bain-marie destiné à réchauffer des biberons. *Amen.*

MORT AUX DÉVOTS INCROYANTS!

En réclamant notre mort, ceux qui se prétendent les meilleurs amis de Dieu l'insultent. Ils insultent Dieu. Leur dieu. D'abord, quel est ce dieu tout-puissant mais irritable qui a besoin d'une fourmi humaine pour prendre sa défense? Dieu a-t-il besoin qu'un fidèle l'attende à la sortie de l'école parce qu'il a peur qu'un non-croyant lui tire la langue ou lui pique son bonnet? Bonjour, Dieu, ça s'est bien passé aujourd'hui avec la maîtresse, elle a été gentille avec toi? Tiens, voilà ton goûter et montre-moi celui qui t'embête dans la cour de récré, je vais l'égorger. Mais après tout, peut-être que Dieu est une grosse larve pleurnicheuse qui n'est pas capable de régler ses comptes lui-même.

Le plus troublant, c'est que quasiment toutes les religions sont capables de nous dépeindre l'enfer. Non seulement l'enfer existe, mais les textes sacrés le décrivent assez bien. On connaît la couleur du papier peint, la chaleur des flammes et la taille des chaînes qui cliquettent lugubrement. La chair des suppliciés n'a pas le temps de cicatriser complètement qu'elle est de nouveau arrachée. Berck!

Les meilleurs amis de Dieu nous promettent très souvent l'enfer. Pour eux, il n'y a pas de doute, on va pleurer notre mère pour l'éternité. Un jour. Un jour qui arrivera forcément puisque nous sommes mortels. Alors pourquoi veulent-ils nous assassiner s'ils sont sûrs que la punition divine s'abattra sur nous dans un laps de temps relativement court ? En effet, même si le mécréant vit quatre-vingt-dix ou cent ans, ça ne représente rien par rapport au temps qu'il passera à rôtir dans les braises.

La vérité, c'est que le fidèle qui rêve de nous découper en rondelles ne croit pas aux textes sacrés. Il ne croit pas à l'enfer, il ne croit pas à la punition divine, il ne croit pas à l'éternité. Bref, il ne croit pas. S'il était sûr de lui, le fou de Dieu laisserait faire le temps et, le moment venu, il nous montrerait du doigt en se foutant de notre gueule. Il est sur l'Escalator qui l'emmène au paradis, nous sommes sur l'Escalator qui nous descend en enfer, et il rit. Nous sommes penauds, voire suppliants. Nous sommes surtout jaloux (maintenant que nous savons que Dieu existe) de toutes les bonnes confitures et des beaux culs dont Dieu va le régaler là-haut. Mais non, le crétin habité par l'idée de Dieu n'est pas sûr que ce soit l'idée de Dieu qui l'habite. Il n'est pas sûr que Dieu, s'il existe, est aussi puissant que ça. Alors, dans le doute, il se propose de faire le boulot. Quelqu'un qui fait le boulot de Dieu n'est ni plus ni moins que quelqu'un qui se prend pour Dieu. Y a-t-il pire blasphème pour un croyant que de se prendre pour Dieu ?

Le fidèle a tort de tuer l'infidèle, non pas parce que Dieu est amour, mais parce qu'il donne raison au mécréant : Dieu n'existe pas. En massacrant l'infidèle, c'est l'idée d'un dieu tout-puissant qu'il massacre, le dévot mégalo. Et qu'est-ce que serait un dieu qui ne serait pas tout-puissant ? Un chef de rayon à la Fnac ? Allons, assez blasphémé.

Je crois que vous en serez d'accord, il faut obliger les fous de Dieu à se regarder dans un miroir jusqu'à ce qu'ils se suicident en réalisant que Dieu, qui est censé avoir fait l'homme à son image, ne peut pas avoir une aussi sale gueule. *Amen.*

MORT
AUX BONNETS DE PÈRE NOËL!

La grippe aviaire est moins contagieuse que la fausse bonne humeur. C'est tout simple à expliquer : les chercheurs du monde entier luttent d'arrache-pied pour éradiquer la grippe ou en tout cas en limiter sa propagation, alors que, à l'inverse, les peuples cherchent par tous les moyens à afficher et à propager leur fausse bonne humeur. Pourquoi ? Parce que c'est obligatoire.

Choper la grippe aviaire et la refiler à son voisin ne sera jamais obligatoire, même dans le pire des régimes totalitaires, alors que faire la démonstration de sa fausse bonne humeur est indispensable si l'on veut survivre en démocratie.

Une des plus odieuses manifestations de fausse bonne humeur est le port du bonnet rouge de Père Noël, qui fait ressembler celui qui le trimbale à un lutin dépressif. Le phénomène touche massivement le commerce. À l'approche des fêtes, énormément de vendeurs de fringues, d'électroménager, de disques, de faux ongles, de n'importe quoi en fait, portent le petit bonnet moche *made in China*. Certains ont pris l'initiative d'en acheter un avec leurs sous. Les plus impliqués ont cassé leur tirelire pour s'offrir la version avec loupiotes clignotantes. Ceux-là sont persuadés que leur geste de militant du bonheur les fera favorablement remarquer du patron et que ce petit clin d'œil rigolo contribuera à détendre l'élastique du portefeuille des clients.

Parmi les volontaires du bonnet, il y a cet employé de La Poste. Il est le seul à s'être enfoncé le machin jusqu'aux yeux. Il s'est institué joyeux drille du bureau. Il lui serait interdit de porter le turban sikh ou le foulard musulman, mais ce signe ostentatoire de fausse bonne humeur et de soumission au dieu du Commerce est autorisé.

Et puis, ce chauffeur de bus qui manque de renverser une jeune fille à vélo porte lui aussi le symbole de joie sur son crâne gris. Il a perdu un pari idiot ? Il est demeuré ? Il ne se regarde jamais dans le rétroviseur ?

Il y a les autres, le plus grand nombre, à qui le responsable de la boutique a distribué les bonnets un froid matin de décembre. Les lutins joyeux s'activent dans les rayons en faisant la gueule. C'est déjà humiliant de vendre de la merde à des cons, mais si, en plus, il faut le faire affublé d'un couvre-chef ridicule... On en rencontre sur les trottoirs, de ces Père Noël qui ont de l'acné en guise de barbe, ils profitent de leur pause pour se griller une clope. La tête rentrée dans les épaules, ils tapent du pied en aspirant le poison de leur cigarette tremblotante.

Après le boulot, dans le métro, il arrive qu'on croise un cadre en costard qui, lui aussi, a sur la tête le chapeau amusant. Il ne sourit pas, il est plongé dans la lecture des *Échos*. Le pompon gigote au rythme des chaos du train. L'âme du sinistre mec semble vouloir s'échapper par là. C'est à se demander si quelqu'un d'encore plus triste que lui ne lui a pas fait la blague de lui enfoncer un bonnet rouge sans qu'il s'en aperçoive. Mais si, il doit bien le savoir qu'il a ça sur la tronche... Il fait partie des bornes qui signalent l'imminence de la fête, une fête à laquelle il est impossible d'échapper. Il fait partie des gardiens de la joie standardisée.

Le clodo du coin de la rue qui tend la main vers le néant n'a pas été épargné par l'épidémie. Le rouge de la teuf tranche à peine avec le violet de sa face. Le pompon qui lui descend entre les yeux lui fait un pif tout neuf. Entre la naissance du petit Jésus et la nouvelle année, il n'y a plus ni riches ni pauvres, semble vouloir dire le bonnet de Noël. Il n'y a que des frères en Jésumercial qui communient dans la bonne humeur...

Je crois que vous en serez d'accord, il faut distribuer des marteaux aux porteurs de bonnets de Noël en les informant qu'une toute nouvelle vieille tradition veut qu'on tape de toutes ses forces sur le pompon de l'autre afin de lui porter chance pour l'année qui vient. *Amen.*

MORT
À L'ÉMOTION DE LA FAMILLE DES OTAGES !

Les familles des otages qui expriment leur émotion devant les caméras de télé à l'annonce de la libération de leurs proches n'y sont pour rien. Les journalistes de toutes les chaînes ont insisté lourdement pour obtenir quelques mots. Les familles sont polies, gentilles, et dans ce moment de joie sont prêtes à faire plaisir. Leur euphorie, leurs larmes, leurs bafouillages morveux, elles les offrent généreusement à ce présentateur du 20 heures fringué en chef de rang de resto du VIIe arrondissement. La mère, la fille, l'épouse, le neveu, le grand-père sont invités à dire leur émotion à cet abruti dont la coupe de cheveux et le blanchiment des dents ont coûté plus cher que la rançon. Ils disent une fois leur émotion sur France 2, puis sur TF1, M6, D8, BFM, i>Télé, France 3 Régions, etc. Si l'envoyé spécial n'a pas réussi à choper un proche d'un des otages, il capturera un ami, un voisin, un passant, un chien.

Au fur et à mesure qu'ils parlent, tous ces gens s'aperçoivent avec une sorte de gêne grandissante qu'ils n'ont rien à dire. En tout cas rien d'intéressant. Ils sont comme nous de l'autre côté du poste : gênés. Gênés de répondre à des questions aussi connes que : « Quel est votre état d'esprit ce soir ? », « Où étiez-vous lorsque vous avez appris la libération de votre papa ? », « Je suppose que vous êtes heureux du dénouement de cette prise d'otages qui durait depuis maintenant trois ans, trois longues années ? ». Souvent, le journaliste suppose bien. À la première interview, l'émotion de l'interviewé est spontanée. Et puis, lorsque pour la douzième fois on lui demande s'il est ému, l'interviewé, plus très frais, mais bien élevé, devient acteur. C'est à ce moment-là qu'il sort du rôle et devient mauvais. Pire qu'un acteur de *Plus belle la vie*. Si, c'est possible. L'émotion que le présentateur du 20 heures lui demande de tartiner devant la caméra a tourné. Elle a un goût de beurre rance. Le passeur de plats du JT le sent bien, mais il doit encore tenir trois minutes. Le temps que les familles des otages passent avec lui en direct, c'est autant que n'auront pas les chaînes concurrentes.

Ça fait longtemps que l'homme tronc permanenté n'est plus journaliste. C'est une pute chargée de traire toute l'émotion qu'on peut tirer des pis desséchés des familles éprouvées. Lui-même n'a jamais connu la moindre émotion. Même lorsque ses parents lui ont acheté son diplôme de journaliste, le petit blasé n'a rien manifesté.

Je crois que vous en serez d'accord, il faut payer les terroristes d'Al-Qaida afin qu'ils enlèvent et qu'ils retiennent en otages à perpétuité tous les présentateurs des JT de 20 heures. *Amen.*

MORT AUX SPEAKERINES DU FOOT!

Avant, les émissions de foot, c'était une table avec des bonshommes autour. Des bonshommes violacés, le cul plombé par le cholestérol, qui s'engueulaient pour savoir si le corner de la 38e minute du match Lyon-Bordeaux devait ou non être sifflé par l'arbitre. Aujourd'hui, c'est toujours le cas. Mais la plupart des émissions ont adjoint une femme au quarteron de beaufs ventripotents. La belle et les bêtes. Car, évidemment, la nana est plutôt du genre jolie fille. Et, en regard des vieux sacs qui l'entourent, elle est carrément bombasse. C'est le petit plus que les chaînes de télévision ont offert aux supporteurs qui sirotent leur bière du dimanche sur le canapé: la branlette. Des propos de bistrot tenus par une sorte de Barbie qu'on n'imagine pas une seconde traîner son sac à main Gucci dans un rade bourré de supporteurs, ça les fait bander, les amateurs du rond ballon. La magie du contraste, sans doute. Et puis, faut dire que ce qui leur manque le plus, aux téléspectafoots, ce sont des femmes. Enfin, au moins une qui accepterait de regarder le résumé des matchs de la semaine avec eux. Tout seuls, une bouteille dans une main, une part de pizza dans l'autre, ils s'emmerdaient avant qu'on leur jette en pâture la femelle gadget. Depuis, ils ont remplacé la pizza par une quenelle longtemps restée molle. Et ils l'agitent un peu lorsque la caméra effleure les lèvres trop humides de la dame. C'est bon pour leur cœur, ça leur fait de l'exercice. Comment la fille accepte-t-elle de tenir le rôle du bonbon dans la vitrine ? C'était ça ou l'usine. Ou alors des boulots qui auraient fait honte à ses parents. Allons ! Quel boulot serait plus dégradant que de se mettre au niveau d'un commentateur sportif ? Elle ne prostitue pas que son corps, la fille de la télé, elle prostitue aussi son intelligence. Et aucune pute n'est obligée de s'abaisser à parler football ! Aucune ! Les statuts de la profession sont très clairs.

Je crois que vous en serez d'accord, il faut obliger les speakerines du foot à lire Simone de Beauvoir, un ballon en équilibre sur la tête. *Amen.*

MORT À L'ADN!

Ça y est, les journalistes sont tombés dedans! Dès que c'est possible, c'est-à-dire tout le temps et sur tous les sujets, ils emploient le terme « ADN » pour agrémenter leurs papiers lamentables d'une petite touche personnelle. Évidemment, comme ils le font tous, cette touche personnelle n'est qu'un certificat de conformisme, de bêtise et de manque d'imagination. De tel comique, le journaliste dira que « l'humour fait partie de son ADN » ou bien, de manière encore moins digeste, « l'humour, c'est son ADN ». Au siècle dernier, pour exprimer la même idée, l'imbécile aurait dit que l'humour, ce comique, « il l'a dans le sang ». C'est aussi con. Mais ce n'est, hélas, pas pour cette raison que l'expression est en voie de disparition. Elle est juste passée de mode. Donc, aujourd'hui, le patron de presse prétentiard ne dira plus, par exemple, « la liberté de la presse, je l'ai dans le sang », mais: « La liberté de la presse, c'est mon ADN. »

Le fait que sa liberté soit inscrite dans son ADN signifie qu'il est attaché à la liberté pour de mauvaises raisons. Il n'a pas choisi d'être libre, il n'a décidé de rien, ce sont ses gènes qui commandent. ADN partout, libre arbitre nulle part!

Un sportif gagne une course? « La victoire, c'est son ADN. » Le musculeux en short est programmé dès avant sa naissance pour gagner. Ni sa volonté, ni son travail, ni ses efforts, ni même le dopage n'ont à voir avec sa victoire. « La parité, c'est un peu l'ADN du gouvernement. » Il n'y a aucune volonté politique de la part du Premier ministre de faire entrer autant de femmes que d'hommes au gouvernement, il n'a pas le choix, c'est comme ça, cherche pas à comprendre, c'est la génétique qui détermine tout, mec.

Il y a des lois pour réprimer la propagande raciste, depuis le procès de Nuremberg, les nazis sont traqués, les groupuscules d'extrême droite sont dissous, le mot « race » est effacé de la Constitution… Mais, en vidant la baignoire du fascisme, on a laissé une trace de crasse le long des parois à laquelle personne ne semble faire attention. Le nouveau tic de langage des journalistes est un résidu de discours nazi. S'il y a un gène pour tout et que la génétique est le nouveau dieu qui décide à notre place, faisons des tests pour connaître le profil de l'enfant à naître et réservons-lui dans la société la place à laquelle lui donnent droit ses gènes. Les phrases toutes faites et les sentences imbéciles servent de ponctuation aux feignasses qui prétendent informer. Elles ne servent en réalité qu'à renouveler le stock de lieux communs que leur a légué leur grand-mère.

Je crois que vous en serez d'accord, il faut passer les journalistes au four à micro-ondes afin de vérifier à quelle température fond le gène des idées reçues des docteurs Mengele de la désinformation. *Amen.*

MORT
AUX INSTITS DE LA CAPOTE !

Il faut arrêter ces gamineries ridicules. Que tous ces associatifs de bonne volonté, que tous ces scouts du cul nous lâchent avec leur discours pédago-gnangnan sur la capote ! Que ceux qui n'en mettent pas crèvent, que ceux qui se font choper à ne pas en mettre soient exécutés, mais que les bonnes âmes arrêtent d'expliquer à quel point c'est super fun d'enfiler une capote au moment où il est généralement convenu d'en enfiler une. Leurs idées géniales pour faire de la pose du caoutchouc un jeu érotique, qu'ils se les gardent. On baise, merde ! On n'est pas au Club Mickey ! Ils n'ont pas compris à quel point prendre les gens pour des demeurés était contre-productif. On a l'impression que c'est avec des instits spécialisés qu'on s'apprête à s'envoyer en l'air. Avec eux, faire l'amour devient un spectacle de fin d'année. Que ceux qui n'arrivent pas à emballer leur tige sans débander prennent des cours particuliers ou bien entament une psychothérapie. Ça les regarde. Il n'y a que deux bonnes raisons de foutre une capote : éviter de procréer et éviter de choper le sida (ou autre chose). À quoi bon faire croire que la capote est un gadget amusant qui peut mettre du piquant dans la relation ? Disons une bonne fois que la capote est obligatoire pour niquer. C'est toujours plus glamour que d'entendre un couple de boudins expliquer que madame la déroule avec la langue sur le chibre de monsieur. On infantilise les gens aussi au lit. Stop ! Je fais ce que je veux avec ma queue ! Qu'on fasse croire à l'enfant qui ne veut pas manger que la petite cuiller qui lui arrive sous le nez est un avion, c'est déjà limite, mais qu'on fasse le même coup avec un adulte et une capote, c'est insupportable. « Bande bien dur, maman va te mettre ta combinaison spatiale, comme ça tu pourras visiter son trou noir... » Au secours !

Je crois que vous en serez d'accord, il faut obliger tous ces donneurs de leçons à baiser et à rire très fort avec un grelot au bout de la bite, parce que c'est drôle et que ça éloigne les sangliers. *Amen.*

MORT
AUX SOURIRES DANS LE MÉTRO!

Les prétextes à polémique sont infinis. Et l'humanité disparaîtra avant d'avoir épuisé toutes les mauvaises raisons de s'engueuler. Il n'y a sur Terre qu'un sujet qui mette tout le monde d'accord, c'est l'attitude des Parisiens dans le métro. Demandez à n'importe quel étranger ce qu'il aura retenu de sa visite de Paris, sa réponse sera : la triste tête que trimbalent les Parisiens dans le métro. Mettez face à face un colon israélien et un militant du Hamas, ils s'étriperont. À moins de lancer la conversation sur les Parisiens dans le métro. Là, ils tomberont d'accord. Tiens, personne n'y pense, mais le Parisien peut aider à l'établissement d'une paix durable en Palestine. Même le Parisien s'effare volontiers du fait que celui ou celle qui lui fait face dans le métro ne lui sourit pas. Ne parlons pas des provinciaux qui « montent à Paris » simplement pour vérifier que le Parisien a un museau de bouledogue dès qu'il se retrouve dans les transports en commun.

Mais, putain, quelle tronche veulent-ils que les Parisiens fassent dans le métro ? Dans quel pays prend-on de l'ecstasy avant de s'engouffrer dans le métro ? La RATP serait la seule compagnie de transport à ne pas diffuser des gaz hilarants dans ses rames ? Il faut distribuer du cannabis sur les quais, vite ! Y a-t-il une seule bonne raison d'être euphorique à l'idée de se retrouver quinze mètres sous terre à renifler les odeurs de cul de ses congénères ? Et tout ça, la plupart du temps, pour se rendre à un boulot sous-payé ou pour aller en quémander un à Pôle emploi.

Et les Londoniens, ils sont pliés en deux dès qu'ils foutent un pied dans le *subway,* les Londoniens ? Elles se bidonnent, les sardines japonaises, dans les souterrains de Tokyo ? Et sans aller jusque-là, les Toulousains, ils sont connus pour les sketchs comiques qu'ils jouent dans leur métro ? Celui qui sourit benoîtement dans le métro est un dingue échappé de l'asile. Il se trouve qu'il y en a très peu à Paris. Qui peut s'en plaindre ?

Je crois que vous en serez d'accord, il faut trancher dans le sens de la largeur et jusqu'aux oreilles les babines de tous ceux qui s'étonnent de l'ambiance dans le métro parisien. *Amen.*

MORT
AUX DICTONS!

Pourquoi, lorsqu'on se laisse aller à prononcer un dicton ou un proverbe, a-t-on un drôle de goût dans la bouche ? Tout simplement parce que la phrase qu'on mâche a déjà été mâchée et remâchée par des millions, voire des milliards, d'imbéciles. Un dicton, ce n'est rien d'autre qu'un chewing-gum que se refilent les générations depuis la création du langage. Celui qui le rumine est sûr d'avoir la même tête de con que le premier hominidé qui l'a foutu dans sa bouche. Le dicton a nettoyé des paquets de chicots dégueulasses. Et puis, le dicton, c'est une phrase stérile, une phrase OGM. Une phrase sur laquelle ne poussera jamais aucune pensée. Un dicton, c'est un slogan qui n'appelle aucune réponse, à part peut-être un coup de genou dans les couilles. Lorsque, à une réflexion que vous faites, le crétin d'en face répond par un dicton, il signifie simplement qu'il n'a rien à dire et qu'il souhaite mettre un terme à la conversation. L'usager du dicton n'est pas qu'un idiot, c'est aussi un impoli. D'où le coup de genou bien mérité. Je préférerais qu'on me dise « Ferme ta gueule », plutôt que « Le monde appartient à celui qui se lève tôt » pour mettre fin à une causerie sans doute un peu chiante sur le temps de travail. On ne discute pas un dicton, on abat celui qui se lave les dents avec ! Certains donnent l'illusion d'inventer de nouveaux dictons. Ceux-là ne font que tricoter des pompons à de vieux bonnets. Le célèbre dicton du début du troisième millénaire disant qu'il faut « travailler plus pour gagner plus » n'est qu'une resucée du fameux « Le travail rend libre », qui date de la seconde moitié du XXe siècle, dicton qui est lui-même inspiré du proverbe écossais du XVIIe siècle, « Travailler pour rien rend paresseux ». Les nazis vainquent les corps par les armes et les esprits par le dicton. Couler du béton dans le crâne des gens n'est pas moins cruel que de les farcir de proverbes. C'est pourquoi refuser de transmettre un dicton quel qu'il soit est un acte de résistance.

Je crois que vous en serez d'accord, il faut appliquer le dicton suivant aux propagateurs de dictons : « À ceux qui parlent par dictons, l'honnête homme doit crever le bidon. » *Amen.*

MORT
AUX AGENDAS PUBLICITAIRES !

Si votre banque vous fait l'honneur de vous offrir le superbe agenda à ses couleurs de 872 pages (dont 820 de publicités à sa gloire), ce n'est pas parce que l'arrogant pommadé qui gère votre compte vous estime particulièrement. L'employé de banque qui passe son temps à essayer de vous placer des produits pourris, genre Natixis ou autres attrape-couillons aux terminaisons en « is » (c'est la sonorité à la mode chez les escrocs), assouvit le fantasme de tout larbin : se foutre ouvertement de la gueule de plus pauvre que lui. L'énorme machin recouvert de plastoc imitation peau d'hippopotame acnéique dont vous pensez qu'il a dû coûter la peau du cul a effectivement coûté ce que vous estimez. Mais c'est avec la peau de votre cul qu'il a été financé, l'agenda cadeau. Des sommes qu'elle vous a soutirées cette année, votre banque a décidé de consacrer une infime partie à la production de cet agenda publicitaire qui prendra la moitié de la surface de votre table de salon. L'agenda de deux kilos que vous tenez dans vos mains, c'est tout le bénéfice que vous reversera jamais votre agence.

Lorsqu'un SDF fait la quête dans le métro, il ne viendrait à l'esprit d'aucun des voyageurs de lui jeter dans le gobelet qu'il branlotte de banquette en banquette une pièce d'un centime d'euro. Mieux vaut encore passer pour un pingre que pour un salaud. Le banquier, lui, n'a pas honte de vous balancer à la gueule et avec le sourire une poignée de piécettes. En plus, ces centimes, ils vous appartiennent ! Quelques centimes, c'est le prix du dodu agenda. Pour le même prix, vous aurez le stylo siglé qui va avec. Le jour où la banque vous convoquera pour renégocier à la baisse le minable découvert dont vous bénéficiiez jusqu'ici, c'est dans l'agenda cadeau que vous noterez le rendez-vous.

C'est uniquement parce que les banquiers manquent singulièrement d'imagination qu'aucun d'entre eux n'a encore proposé à ses clients une corde de chanvre en cadeau. Sur le nœud coulant, il pourrait pourtant faire figurer le logo de la banque.

Je crois que vous en serez d'accord, il faut écraser le banquier pervers entre deux pages de son sale cadeau, qui deviendra pour l'occasion le premier herbier à viande de l'histoire. *Amen.*

MORT
AUX ARBITRES DE FOOT!

Pendant longtemps, ils ne se sont habillés qu'en noir. Le noir, ça amincit les gros culs. Hélas, ça ne rend pas moins cons les gros cons. Et ils en trimbalent une couche, les curés du foot, les magistrats du gazon ! Autant la robe d'un prêtre ou celle d'un juge peut en imposer à la foule, autant le short en acrylique noir de cette espèce de chef scout aux gambettes trop blanches donne légitimement envie aux supporteurs de le lapider à coups de canettes. Ce dadais tout raide dans sa tenue repassée par maman est censé faire respecter les règles du jeu. Mais, d'abord, comment respecter un gland pareil ? Bon, il est physiquement ridicule, c'est une chose. Il en a vaguement conscience, puisqu'il troque de plus en plus souvent sa tenue de deuil pour des shorts et des tee-shirts éclatants. Ça n'arrange pas grand-chose. Maintenant, les arbitres, on dirait des pubs pour la lessive. Surtout, ce qui empêchera à jamais l'humanité de respecter ces tristes andouilles à sifflet, c'est de voir à quel point ils prennent leur mission au sérieux. Faire le métier de flic, ce n'est pas toujours finaud, finaud. Mais on peut comprendre que l'agent siffle une bagnole qui passe au rouge. Le flic des stades, lui, son boulot, c'est de siffler celui des vingt-deux bourrins qui aura touché le ballon avec sa main…

L'air pincé, le cul rentré, il se met sur la pointe des pieds à trois centimètres du joueur qui a commis la faute pour lui foutre sous le nez, suivant son humeur, un carton, ou jaune, ou rouge. Il ne rigole pas. Il est vraiment convaincu que c'est grave de toucher le ballon avec sa main. Aussi grave que le ballon qui passe la ligne blanche. Les exemples sont infinis. Peut-on respecter un mec qui fait appliquer des lois aussi dénuées de sens ? L'arbitre est là pour faire croire à des abrutis que le sport, c'est sérieux. Ça ne prend pas. Même le supporteur le plus crasse sait, au fond, que le foot n'est qu'un prétexte pour se bourrer la gueule et se taper dessus.

Je crois que vous en serez d'accord, il faut faire brouter aux arbitres le gazon des stades. Si on leur fait croire que c'est dans la règle du jeu, ils obtempéreront. *Amen.*

MORT À LA PEUR ISLAMISTE !

Ils ne sont rien, mais ils font peur. Ils sont une poignée, mais on les voit partout. L'islam, en France, c'est lui : le barbu hirsute déguisé en tube de dentifrice. Il y en a combien, des épouvantails de ce genre, à rouler des yeux de dingues quand ils voient une caméra de télé ? Cent ? Deux cents ? Il y a en France plus de caméras que de musulmans extrémistes. Il y a même plus de chaînes de télé que de tarés à poil long qui postillonnent dans la langue du Prophète qu'il faut égorger les Juifs. Oui, c'est ce qu'ils criaient l'autre jour au Trocadéro. Mais ils font peur, et ils le savent. Notre peur est leur raison de vivre. Notre peur est leur véritable religion. Notre peur les nourrit. Ils boivent notre sueur froide comme les vampires boivent le sang de leurs victimes. Notre peur est la complice de ces connards.

La petite vieille qui sort son chien a peur que l'ogre islamiste égorge Kiki. Faut dire que Kiki est frisé comme un mouton. Ce n'est pas Parkinson qui l'agite, mamie, c'est la peur. Et la vedette du show-biz de culture musulmane (oui, toi !) qui raconte dans les coulisses des émissions de télé qu'elle a peur de dire qu'elle est athée est pire qu'un extrémiste religieux. Elle a mille fois plus d'audience que lui, elle a mille fois plus de pouvoir que lui, mais elle pète de trouille. La trouille de quoi ? D'être prise pour cible par les Pères Noël de l'Apocalypse ? Et si toutes les nouilles dans son genre sortaient de dessous leur lit pour affirmer leur athéisme ou tout du moins leur laïcité, ils se rendraient compte que le rapport de force est en leur faveur. Les croyants prient le Seigneur en vain depuis des millénaires afin qu'Il leur fournisse un cerveau, alors qu'il suffit que les athées prononcent la formule « je suis athée et je t'emmerde » pour que l'islam de mort disparaisse de la surface de la Terre. C'est magique ! Essayez !

On a trouvé un nouveau gros mot pour faire peur : « salafiste ». L'expression « extrémiste religieux », on l'avait trop dans l'oreille, ça n'effrayait plus assez. Mais « salafiste », ça fout les jetons ! Ça sonne comme quelque chose entre la maladie incurable et la pratique sexuelle non avouable. On a l'impression, aujourd'hui, en France, qu'il suffit de retourner une pierre pour voir grouiller un nid de salafistes. Certains jouissent de se voir exister dans l'œil terrorisé du bourgeois frankaoui, alors ils se déguisent en salafistes. Ils ne vont pas à la mosquée, ils ne prient pas, ne croient pas et picolent sec, mais ils portent la panoplie qui leur assure le plus gros morceau du trottoir. Véridique ! Certains se déguisaient en punks au début des années 80 pour obtenir le même effet. Dans l'intimité de leur chambre, ils écoutaient du Claude François comme tout le monde...

Une fois qu'on a écrémé les faux croyants, il ne reste plus qu'une poignée de vrais dingues. Les vrais dingues peuvent être dangereux, mais de ces vrais dingues il faut encore déduire les incapables, les nuls en tout, les vantards, les pipi-au-lit et les culs-de-jatte. Si les souris qui restent prennent d'assaut l'éléphantesque République et que celle-ci fuit en appelant sa mère, on aura perdu. La laïcité a le fessier suffisamment large pour s'asseoir sur cette vermine et l'écrabouiller.

La peur donne de l'importance aux pitoyables fachos, le ridicule, contrairement à ce que prétend l'adage, les tue.

Je crois que vous en serez d'accord, il faut claquer la gueule suffisamment fort de tous ceux qui ont peur de l'ombre de la barbe d'un salafiste afin de les réveiller de leur cauchemar. *Amen.*

MORT AU VERBE «IMPACTER»!

Et ta mère? Elle s'est fait impacter par les Grecs, ta mère? C'est ce que vous hurlez au chargé de clientèle de l'agence de la Caisse d'épargne qui tente de vous expliquer que la perte de confiance des marchés a eu des conséquences sur les taux d'intérêt des emprunts immobiliers. Sauf que ce ne sont pas les mots exacts du ver de terre en chemisette qui fait carrière dans une banque parce qu'il n'a pas suffisamment d'éthique pour devenir fossoyeur municipal (vous allez me rétorquer, quel rapport entre un banquier et un fossoyeur? Le banquier enterre les vivants, le fossoyeur enterre les morts).

Il n'a pas dit qu'il vous refusait votre emprunt parce que la perte de confiance des marchés a eu des conséquences sur les taux d'intérêt des emprunts immobiliers... Il a dit: les taux d'intérêt des emprunts immobiliers ont été impactés par la perte de confiance des marchés. Vous comprenez très bien ce que ça signifie. D'une part, vous n'obtiendrez jamais le prêt pour acheter une niche à Gisors (mais ce n'est pas le plus grave), d'autre part, ce gluant emploie un néologisme inutile. Certains traquent le néologisme comme l'UMP traque l'immigré. C'est exagéré. Lorsqu'il faut décrire un objet nouveau, un concept inédit, il n'est pas grotesque de recourir à un mot taillé sur mesure. Mais « impacter »...

« Impacter », ça signifie simplement que votre interlocuteur est aussi inutile que le mot qu'il emploie. Et comme c'est encore un mot neuf, « impacter », le lombric prétentieux qui s'en gargarise a l'impression de vous souffleter le visage chaque fois qu'il l'utilise. Pour lui, c'est un marqueur de sa haute compétence. Et, par conséquent, de votre nullité en matière d'impactage.

Et, donc, sa mère, elle s'est fait impacter par les Grecs, oui ou merde ? Ah, oui, répond le chargé de clientèle, soudain très surpris de votre intérêt pour l'économie. « Oui, ma mère, qui avait fait des placements hasardeux, a été impactée par la crise grecque. » Que répondre ? Votre moral a été durement impacté par l'inébranlabilité du con.

Le virus s'est répandu partout. Tous les milieux sont aujourd'hui vérolés, pardon, *impactés*. Le chauffeur de taxi trouve que les travaux dans Paris impactent sa façon de conduire, et le présentateur météo annonce que votre week-end risque d'être impacté par un front nuageux venu de l'Atlantique.

Je crois que vous en serez d'accord, il faut détourner une météorite de sa course vers le néant afin qu'elle vienne s'écraser sur leur sale gueule. Ça leur rappellera le sens du mot « impact ». *Amen.*

MORT
À LA BOULE DE GLACE VANILLE !

Attention, je n'ai aucune haine pour la vanille ! Et j'adore la glace. Mais trop, c'est trop ! Cette manie de flanquer des boules de glace à la vanille dans tous les desserts rend la fin des repas vraiment pénible. La glace à la vanille est obligatoire en France. Pas un brownie au chocolat, pas une tarte aux pommes, pas une crêpe sans sa putain de boule vanille ! Et les crumbles ! Même dans un *irish coffee,* j'en ai trouvé une ! Pourquoi la vanille, d'abord ? Le lobby des producteurs de vanille est-il puissant au point d'avoir vérolé tous les desserts ? Ou bien considère-t-on que la vanille n'a le goût de rien ? Ce qui n'a le goût de rien, on peut l'imposer à tous ! La vanille, en plus, c'est blanc. Ou presque. La vanille, c'est la glace neutre qui est censée aller avec tout. Mais, qu'on le veuille ou non, la vanille a un goût de vanille, et bouffer jour après jour des desserts qui ont tous le même goût, ça fatigue les papilles. Trucmuche, qui m'apporte tout fier son gâteau machin surmonté d'un bubon à la vanille, me donne envie de ravager au lance-flammes toutes les plantations de l'île de La Réunion. Pourquoi ils ont besoin, tous, de maquiller leur dessert à la vanille ? Il est si dégueulasse que ça, leur dessert tout nu ? Ou alors ça fait classe, le supplément vanille ? J'ai les moyens ! J'ai de quoi me payer un congélo ET j'ai de quoi le remplir jusqu'à la gueule avec des pots de douze litres de glace vanille... Affligeant. Arrêtez avec vos boules à la vanille. Un jour, vous allez en servir avec la salade, puis ce sera avec la viande. L'escalade. On va vers un régime totalitaire dirigé par une boule de glace vanille. Quand ils ont remplacé les communistes par des boules vanille, je n'ai rien dit parce que je n'étais pas communiste, quand ils ont remplacé les Juifs par des boules vanille, je n'ai rien dit parce que je n'étais pas juif. Quand ils m'ont remplacé par une boule vanille, il n'y avait plus personne pour protester.

Je crois que vous en serez d'accord, il faut énucléer les gâcheurs de desserts avec une cuiller à glace et bourrer leurs orbites avec des boules à la fraise. *Amen.*

MORT AUX FAUX ANARS!

Entendons-nous bien: l'anarchie est la doctrine politique la plus exigeante. L'anarchie suppose en effet que chacun accepte une chose presque inconcevable: être libre. C'est-à-dire responsable. Pourquoi la pensée anarchiste n'a-t-elle pas triomphé des systèmes politiques et n'en triomphera-t-elle jamais? Parce que assumer sa liberté est un poids trop lourd pour la plupart des névrosés que nous sommes. Des siècles qu'on nous fait croire qu'il faut avoir des compétences particulières pour prendre sa vie en main. Montre la pampa à un démocrate, il sera pris de vertige et de vomissements. Il préférera s'enfermer dans une cage et filer les clés au voisin plutôt que de prendre le risque de faire un pas devant l'autre sans ses béquilles institutionnelles. Je ne me moque pas, je suis moi-même dans ce cas.

Les véritables anarchistes sont très peu et trop peu nombreux. La plupart de ceux que nous rencontrons se contentent de porter la panoplie. Ils s'habillent en noir, épinglent un « A » cerclé au revers de leur blouson et, en général, ils font la gueule. Ils ne font pas la gueule parce qu'ils sont particulièrement tristes de n'avoir rien compris à l'anarchie, ils font la gueule pour montrer que le monde tel qu'il est ne leur convient pas. Ils pensent qu'afficher les rictus de la contestation suffit à être contestataire. En général, ceux qui ne sont pas sous traitement pour dépression redeviennent sociaux-démocrates après deux bières.

Certains autres sont anarchistes parce qu'on leur a raconté que leur arrière-grand-père était un républicain espagnol. Ils devraient être contre l'héritage, mais ils laissent entendre qu'ils ont hérité de l'engagement politique de leur aïeul. Ça fait bien dans les dîners. Vous n'avez jamais rencontré un journaliste corrompu ou un chirurgien non conventionné qui vous parle les larmes aux yeux de son papy du POUM ?

Et puis il y a les mégalos qui prêchent l'anarchie par l'exemple. Leur exemple. Pour eux, être libre, c'est faire ce qu'on veut quand on veut sans se soucier de rien, sauf de se faire remarquer. J'ai envie de chier sur la table, je le fais (à condition que ce ne soit pas la mienne, de table). Il suffit de considérer que la table est un symbole de l'autorité. D'ailleurs, tout dans notre société corrompue est symbole de l'autorité.

Ces faux anars sont issus de tous les milieux sociaux. Il y en a même des fortunés qui veulent détruire la société, mais pas celle de nettoyage qui vient ramasser les bouteilles vides les lendemains de réveillon… Ils ont une grande gueule, font beaucoup de bruit (c'est ce qu'ils appellent « foutre le bordel »), disent le contraire de ce qui vient d'être dit, et peu importe ce qui vient d'être dit. Être anarchiste, c'est être contre. Alors, ils sont contre, contre leurs propres convictions. Lorsqu'ils en ont. Le principal, c'est de faire de la mousse. Ils se mentent à eux-mêmes autant qu'ils mentent aux autres.

Vous remarquerez qu'ils sont contre les chefs et l'autorité. Ce qui ne les empêche pas de devenir les leaders d'une poignée de tocards admiratifs. Des fils de bourgeois trop timides pour eux-mêmes faire des taches sur la moquette applaudissent les prouesses du singe dominant.

Les faux anars sont les pires ennemis de l'anarchie. Ils sont persuadés, comme le présentateur du 20 heures qui emploie le mot « anarchie » pour décrire le désordre qui règne dans tel pays en guerre, que l'anarchie, c'est laisser parler l'intestin qui est en soi. Ils sont contre l'ordre, alors que l'anarchie, ce n'est que l'ordre. L'ordre moins le pouvoir. « Il n'y en a pas un sur cent et pourtant ils existent, les anarchistes », oui. Et si on élimine les faussaires qui pensent être anars parce qu'un jour ils ont eu un chat, parce qu'ils clopent à côté des panneaux d'interdiction de fumer, parce qu'ils souhaitent la bonne année en entourant le « A » de « année », on peut dire sans se gourer qu'il n'y en a pas un sur cent mille.

Je crois que vous en serez d'accord, il ne faut surtout pas envoyer ces soudards au goulag, ils risqueraient de finir directeur du camp. Qu'on se contente de prier sainte Cirrhose, la patronne des faux anars, afin qu'elle nous en débarrasse bien vite. *Amen.*

MORT
AUX GILETS «BIENVENUE»!

Ça faisait des années que je n'étais pas allé à la poste. Comment j'ai fait ? À part pour aller chercher un paquet jugé trop volumineux par le facteur pour le déposer dans la boîte à lettres, ou bien encore pour acheter des timbres, il n'y a aucune raison d'aller à la poste. Du coup, j'y vais plus. Jusqu'à la semaine dernière, du moins.

Vous pouviez toujours essayer de m'envoyer un recommandé, ha, ha! Je ne suis jamais allé en retirer aucun. Les emmerdes qui ont parfois résulté de mon boycott ont toujours été moins pénibles que les heures passées à faire la queue devant un comptoir pourri en compagnie de vieilles connasses qui essaient de profiter de leur ostéoporose sévère pour vous passer devant. Déjà qu'une vieille qui a été élevée à la pelure de rutabaga dans sa jeunesse ne mesure pas plus d'un mètre vingt quand elle est en bonne santé, alors, quand en plus elle a les os qui s'évaporent, vous ne la voyez plus se faufiler entre vos jambes. Mon avocat m'avait dit: « Non, si tu défonces le crâne jaunâtre d'une retraitée barbue taillée comme un bonsaï juste parce qu'elle t'a doublé, y a pas légitime défense, c'est une peine de vingt ans incompressible. » Bon, bon. Donc, fini la poste.

Et puis des témoins dignes de foi m'ont rapporté que les bureaux de poste ont été entièrement réaménagés. Les employés, qui jusque-là vous faisaient la gueule derrière une vitre blindée, évoluent désormais dans un espace lumineux et sans barrière. On pourrait les toucher si on voulait. La direction les a menacés de mort : « Si vous n'êtes pas aimables avec la clientèle, on vous poussera au suicide. » Beaucoup d'employés de La Poste se sont en effet suicidés ces dernières années. Ont survécu les moins autistes. Le temps d'attente a été réduit. Ils cavalent dans tous les sens, les postiers, maintenant qu'ils ne sont plus enfermés dans leur cage de verre. Tu vas voir, ils ont les mollets d'Oscar Pistorius…

Donc j'y suis retourné, à la poste, pour chercher un paquet que l'employé préposé à fouillasser dans les tiroirs bordéliques d'une armoire métallique ne trouva jamais. Passons sur ce détail. Tout ce qu'on m'a décrit est vrai. Mais… Mais, afin de bien humilier les postiers, on leur a collé des gilets siglés. Des gilets très laids, évidemment. Des gilets gris sans manches, avec, écrit en énorme dans le dos : « Bienvenue ». De sorte que, lorsque vous entrez dans le bureau de poste, il faut attendre que l'employé vous tourne le dos pour que son gilet vous souhaite la bienvenue. C'est un peu comme si vous disiez bonjour aux gens en leur montrant votre cul. Le matin, un collègue s'approche la main tendue… Vous lui tournez le dos. Il voit alors que vous vous êtes collé un Post-it où vous avez écrit « Bonjour ». Tiens, et si les comédiens nous saluaient de dos, au théâtre ?

Quel fils d'énarque a eu cette idée géniale d'écrire « Bienvenue » dans le dos des postiers ? Pourquoi, tant qu'il y était, n'a-t-il pas fait imprimer « Au revoir » sur le devant du gilet gris ? Y avait pas la place ? Ça doit être ça. Il l'a apprise où, la politesse, ce gros enculé de sa race de bâtard ?

Je crois que vous en serez d'accord, il faut offrir des ponchos aux employés de La Poste avec, peint sur les deux faces : « Mon patron est un con. » *Amen.*

Table

Comme une image

Du même auteur

La Cave aux poupées (Taurnada Éd., 2020)

Les Yeux d'Iris (Taurnada Éd., 2021)

Magali Collet

Comme une image

Taurnada Éditions

Avertissement

Les opinions exprimées par les personnages de ce roman leur appartiennent, elles ne sont nullement le reflet de celles de l'auteur. Ce texte est une fiction, toute ressemblance avec des personnes ou des organismes existants relèverait de la pure coïncidence.

Image couverture : © Shutterstock/BestPhotoStudio

ISBN : 978-2-37258-108-0

ISSN : 2276-0717

À vous trois, mes amies, mes sœurs de cœur,
Christiane, Laurence et Nathalie.

Les enfants, ça console de tout...
excepté d'en avoir.

Hippolyte Taine

1

Mardi 17 septembre.

J'aime regarder les photos de papa et maman quand ils étaient jeunes… celles de leur mariage ou celles de ma naissance. J'aime aussi me voir bébé, avec des couches et les joues toutes roses. Tout le monde dit que je suis jolie, alors, je sais que je le suis. C'est un peu comme le soleil. Il se lève chaque jour et c'est normal, eh bien moi, c'est pareil. Je ne me pose pas la question. Je suis jolie. Quand j'étais petite… J'aime bien commencer une phrase de cette façon, et quand je fais ça, papa et maman rigolent. Enfin, ils rigolaient. Quand j'étais petite (*ou lorsque ?*), il m'arrivait de leur demander :

« Pourquoi je m'appelle Lalie ?

– Parce que tu es jolie. Jolie Lalie. »

Leur réponse était toujours la même et elle me convenait parfaitement. Ma vie me convenait parfaitement.

Je m'appelle Lalie et j'ai bientôt 10 ans. En fait, je m'appelle Eulalie, mais personne n'utilise ce prénom comme ça, sauf mes parents, quand je fais une bêtise. (*Il faut vraiment que je remplace quand, par lorsque, c'est bien mieux.*) Je suis en CM2 dans la classe de Mme Cayaux et au mois de septembre prochain, j'irai au collège. J'ai hâte d'y aller parce que c'est ce qui marque le début de l'adolescence, enfin, je crois. J'ai toujours eu l'impression d'être en décalage par rapport aux enfants de mon âge. Je les trouve si… enfantins ! C'est le mot. Il m'arrive de penser que je suis bien plus vieille qu'eux. Je réfléchis beaucoup, trop sans doute.

J'ai essayé de chercher ce qui clochait chez moi, ce qui faisait que j'étais continuellement insatisfaite. Si je n'étais pas moi, je serais incapable de comprendre tout ce que je suis en train de penser, mais heureusement, je suis moi. Les choses sont donc plus claires.

L'an dernier, en CM1, j'ai compris ce qui m'arrivait grâce à Samuel, un élève de ma classe. Samuel terminait toujours le premier, il était un peu à part, le nez dans ses livres. Il se croyait supérieur à nous et, en fait, il l'était vraiment… supérieur aux autres, surtout.

Un jour, je me suis retrouvée assise à côté de lui dans le car qui nous emmenait en sortie scolaire au château de Chantilly, et pour la première fois, nous avons échangé. J'aime bien ce mot, « échanger ». Je me suis immédiatement sentie à l'aise. Nous avons parlé de l'espace, de science, de la vie et de la façon dont nous la comprenions. À Chantilly, nous nous sommes arrangés pour être dans le même groupe, pour travailler à deux. Ça nous a permis de discuter encore et encore. Le midi, pour le pique-nique, nous nous sommes assis loin des autres. Ils se sont tous mis à crier qu'on était (*non*) que nous étions amoureux. Les idiots !

« Laisse-les dire ce qu'ils veulent, leur cerveau est trop petit. Il ne peut pas comprendre ce que les yeux ne voient pas. Ils ne sont pas comme nous.

– Pourquoi ?

– Tu ne t'es jamais sentie différente ? Tu n'as jamais eu l'impression d'être en décalage avec tout ce qui t'entoure ?

– Tout le temps ! Et quand je pose des questions à mes parents, je sens aussi que je les dérange.

– Tu ne les déranges pas. Je crois qu'ils ne savent pas quoi te répondre.

– Mais, les parents savent tout !

– Tu te trompes. Les parents savent beaucoup de choses, mais quand on leur pose des questions dont ils ignorent les réponses, ils sont perdus. C'est ce qui s'est passé avec les miens.

– Et qu'est-ce que tu as fait ?

– Moi ? Rien du tout. Ils ont voulu que j'aille voir un psychologue. Ils m'ont fait passer pas mal de tests et ils ont trouvé une raison qui leur convient.

– Tu es malade ?

– Non, ils ont dit que j'étais un enfant à haut potentiel.

– Qu'est-ce que c'est ?

– Ça veut dire que je comprends tout avant les autres et que je retiens bien plus vite aussi. Comme je gagne du temps, je peux observer et apprendre de ce que j'observe. Et je t'ai observée toi aussi.

– Ah oui ?

– Oui, et pour une fille, tu ne t'en sors pas mal.

– Dis donc, j'aime pas trop que tu dises "pour une fille".

– D'accord. Tu es intelligente. C'est la première fois que j'aime discuter avec quelqu'un de ma classe. Les autres je les trouve trop…

– Bébés ?

– Oui, c'est ça.

– Eh bien, maintenant, tu n'es plus seul. »

J'ai appris beaucoup avec Samuel et la plus importante a été que si je souhaitais que les choses évoluent, il fallait que j'en parle. Il voulait que je demande à mes parents de faire tester mon QI, moi aussi, parce qu'à la rentrée, il allait changer d'école et partir à Amiens. C'est là (*non*) c'est à ce moment que j'ai su ce qu'il fallait que je fasse.

Je n'aime pas le changement, je ne l'ai jamais aimé. Alors, je cache ce que je suis vraiment. Je m'arrange pour glisser quelques erreurs de temps en temps dans mon travail, j'essaie de poser des questions dont je connais la réponse, parce que j'ai vite compris qu'il ne fallait pas être à l'écart d'un groupe. La classe, c'est une meute, comme les loups. Quand un enfant est à l'écart du groupe, il ne peut plus y revenir.

Être plus intelligente que la moyenne a des avantages. En observant, en écoutant, j'apprends énormément de choses ; et ce que je ne sais pas, je le découvre à la bibliothèque. Séverine et Annie, les bibliothécaires, sont surprises que je vienne aussi souvent. Elles savent que j'aime lire et connaissent mes goûts. Dès qu'il y a des nouveautés en science, et en astronomie surtout, elles m'en parlent. Je crois qu'elles ont compris que j'aime apprendre et elles respectent ça.

Lorsqu'elles sont occupées, je me faufile dans le rayon psychologie et je feuillette tout ce qui concerne l'intelligence. J'ai besoin de comprendre ce qui m'arrive.

« Lalie ! Tu es avec nous ou tu dors ? »

Je sursaute. Mme Cayaux me regarde. Quelques élèves rigolent. Je me tais et baisse la tête. Elle continue :

« Ce n'est pas le moment de rêver. C'est à toi, maintenant. »

Ça m'ennuie. On est en CM2 et comme certains ne connaissent toujours pas leurs tables de multiplication, elle a décidé de nous interroger chaque matin. J'en ai marre qu'on perde du temps comme ça, mais je lui réponds. Elle est contente et me laisse tranquille. Par contre, pour Andy, mon voisin, ce n'est pas la même chose.

2

La sonnerie annonçant la fin de la journée retentit. Les élèves rejoignent la grille. Lalie embrasse ses copines et s'en va.

*

Devant sa porte d'entrée, Karine Solomon ne manque jamais la sortie des classes. Depuis que son fils Thibault est parti vivre à Montpellier avec Marion et les petits, elle se languit de ses petits-enfants. Ils aimeraient qu'elle déménage à son tour pour les rejoindre, mais elle n'y tient pas. Oh, ils lui manquent, c'est certain, mais son quotidien est ici. Ses parents et ses grands-parents sont nés et enterrés à Monduit. Elle-même s'y est mariée et installée avec Gilbert, mondinois, lui aussi. Ce n'est pas à 74 ans que l'on change de vie et puis ses amis habitent tous le village. Alors, elle imagine que dans le sud de la France, une mamie, tout comme elle, observe la sortie des écoles en guettant le sourire des enfants. Depuis le temps, elle les reconnaît et leur a même donné des surnoms.

Il y a « le tcho », un garçon de 7 ou 8 ans toujours ébouriffé, à la mine espiègle. Il s'agrippe à la main de sa mère et lui raconte sa journée d'une voix suraiguë, la bouche pleine du pain au chocolat qu'elle n'oublie jamais de lui apporter. Il lui rappelle Noé, son petit-fils. Un vrai moulin à paroles ! Il y a aussi les jumelles qui se disputent tout le temps à coups de « c'est pas moi, c'est toi ! » ou de « je vais le dire à maman » avant de faire systématiquement la paix. Ce sont deux petites aux cheveux noirs, toujours en jean et baskets. De vrais garçons manqués !

Mais celle qu'elle attend avec impatience, c'est « Princesse ». C'est une fillette de 9 ou 10 ans, jolie comme un cœur, avec des cheveux châtain clair, ondulés, qui lui arrivent aux épaules. Elle est toujours habillée avec soin et rentre seule après l'école. Alors, Karine la suit des yeux pour s'assurer que rien ne lui arrive. Lorsqu'elle la voit, la petite lui sourit et tout son visage s'illumine aussi. Elle a un teint de pêche et des joues roses.

On est mardi et comme chaque semaine, elle porte un gilet rouge. Karine a remarqué que chaque jour correspondait à une dominante de couleur dans les vêtements portés par Princesse. Bleu le lundi, vert le jeudi et violet le vendredi. Le mardi, c'est le rouge. Karine a travaillé à l'école en tant que « dame de service », comme on disait à l'époque. Elle sait que, parfois, les enfants se raccrochent à des rituels qui les rassurent, et pour Princesse, il doit s'agir des couleurs.

Arrivée en haut du chemin, la fillette tourne à droite pour entrer dans le lotissement et disparaît. Alors, comme tous les jours, Karine rentre chez elle en souriant et allume la télé.

*

Sa mère enseigne au collège de Monduit. Son père aussi y travaillait avant de déménager, il y a plus d'un an maintenant.

Lalie ouvre la porte, lance son cartable dans l'entrée et se précipite dans le jardin pour se poster au pied de la haie de thuyas qui sépare la maison de celle de ses voisins. Une chatte y a trouvé refuge avec ses petits, âgés de quelques semaines à peine. Lalie et sa mère s'en occupent, car elle semble épuisée par les cinq chatons qu'elle doit nourrir. Sa maman l'ayant autorisée à en garder un, Lalie doit faire un choix mais n'arrive pas à se décider. Elle les observe donc pendant de longues minutes.

Au bout d'un moment, elle entend des pas : c'est Carmen, sa mère.

« Je savais que tu serais ici, ma chérie. Tu as passé une bonne journée ?

– Ça va. C'est trop dur de choisir, maman ! On ne peut pas tous les garder ?

– Et se retrouver avec cinq chats ? C'est impossible, mon cœur, on en a déjà parlé. Tu dois te décider. Moi, je vais aller prendre un thé et puis j'irai chercher Charles. Tu viendras avec moi ?

– Je préfère rester. J'ai envie d'être avec eux et j'ai une poésie à apprendre.

– *Vale*[1]. Tu me la réciteras ?

– Pas de souci ! »

Lalie retourne à l'observation des chatons.

Carmen, de son côté, met de l'eau à chauffer. La pause thé, après le boulot, est un sas nécessaire qui lui permet de décompresser. Elle est professeur d'espagnol au collège de Monduit, situé en face de la maison et c'est loin d'être une situation idéale.

Lorsque Julien et elle avaient emménagé dans le village, ça leur avait semblé être une bonne idée. Ils n'y travaillaient pas encore, mais avaient, quelques années plus tard, demandé et obtenu leur mutation. Ce qui était une chance au début s'était mué en cauchemar par la suite. En effet, lorsque Julien, gestionnaire du collège, l'avait trompée avec une collègue avant de partir avec elle, la

1 D'accord, en espagnol.

localisation de la maison lui avait occasionné bien des soucis. Tout le monde dans le village avait son opinion, voire son mot à dire, sur l'histoire du « gestionnaire et des deux profs ». Elle ne supportait plus les regards pleins de fausse commisération des Mondinois et n'aspirait qu'à déménager, mais hélas, elle n'en avait pas les moyens. Julien lui avait laissé la pleine jouissance de la maison jusqu'à ce que leur divorce soit prononcé et elle espérait lui racheter sa part. Elle tenait bon pour les enfants. Charles et Lalie lui permettaient d'avancer. Elle était épuisée, mais toujours debout.

*

Carmen était venue étudier en France avec Erasmus. Elle aimait ce pays. Elle avait eu une brève aventure avec un étudiant en fac d'espagnol qui l'avait convaincue de passer le CAPES. Elle n'avait plus ses parents et sa seule famille se résumait à une tante qui vivait à Oliva, près de Valence en Espagne. Elle l'avait élevée et lui avait toujours dit de vivre sa vie comme elle l'entendait. Carmen avait suivi son conseil. Son histoire d'amour n'avait pas duré, mais elle avait obtenu le concours et effectué son année de stage au collège de Rivery, près d'Amiens. C'est là qu'elle avait rencontré Julien Calevin, le gestionnaire. Leur amour s'était construit au fil de l'année. Ils avaient trouvé une maison à Monduit, s'y étaient installés, mariés et avaient eu Lalie. Un vrai conte de fées… au début.

C'est en 2017 que les choses avaient commencé à mal tourner quand une nouvelle professeur d'EPS, TZR[1], Ségolène Lefrère, était arrivée. Elle était jeune, jolie et avait le contact facile. Carmen et elle avaient immédiatement sympathisé. En effet, elle s'était prise d'affection pour cette jeune collègue, nommée dans l'académie d'Amiens alors qu'elle venait de la région parisienne, la considérant un peu comme la petite sœur qu'elle n'avait jamais eue.

Les profs d'EPS avaient pour habitude d'organiser un séjour au ski pour toutes les classes de sixième, et au matin du départ, en janvier 2018, un des accompagnateurs était tombé malade. Julien, qui habitait tout près et savait skier, avait proposé de le remplacer. À son retour, il avait imperceptiblement changé. Carmen n'avait rien vu, mais au collège, les gens avaient commencé à chuchoter. Un établissement scolaire est comme un village : il y a des clans. Les amitiés s'y font et s'y défont, certaines éphémères et d'autres à l'épreuve du temps. Mais, comme dans tout village, il y a des ragots et ils finissent toujours par arriver aux oreilles des intéressés. Carmen les avait entendus.

---

1 Titulaire sur zone de remplacements.

La situation était, dès lors, devenue intenable. Si Carmen et Ségolène s'étaient contentées de ne plus s'adresser la parole et de s'ignorer, les choses étaient devenues bien plus compliquées avec Julien. Ils ne pouvaient plus se trouver dans la même pièce sans faire preuve d'agressivité l'un envers l'autre. Il vivait chez Ségolène le week-end et à Monduit en semaine, ce qui lui permettait de ne pas rompre le lien avec Lalie, qu'il adorait. La fillette ne comprenait pas trop ce qui se passait, aucun de ses parents n'ayant vraiment pris le temps de le lui expliquer.

Lors d'une récréation, alors qu'elle s'apprêtait à sortir des toilettes du collège, Carmen entendit la voix de Ségolène. La jeune femme était en train de discuter avec une collègue, dont elle était très proche. Carmen colla son oreille à la porte pour entendre ce qu'elles se disaient puis recula, horrifiée : sa rivale était enceinte ou plutôt, elle pensait l'être. Elle attendrait deux mois avant d'en parler à Julien, voulant le préserver d'une fausse joie.

Carmen en fut atterrée. Elle savait que Julien aurait aimé avoir une grande famille, mais Lalie les comblait tellement, qu'elle n'en avait jamais vu l'intérêt. Elle croyait sincèrement que son mari avait, lui aussi, renoncé à ce projet. Elle s'était trompée une fois encore. Elle eut alors conscience qu'il ne lui restait que quelques semaines pour sauver son couple et qu'elle devrait agir avant que Ségolène n'avoue sa grossesse à celui qui était encore son époux.

Elle prétexta être souffrante et n'assura pas son après-midi de cours. Elle avait un plan en tête et l'envie de le mettre à exécution le plus rapidement possible.

Lorsqu'il revint du travail, Julien fut agréablement surpris. Carmen semblait disposée à enterrer la hache de guerre et pour la première fois depuis longtemps, ils purent passer une soirée autour de Lalie. Les jours suivants furent tout aussi agréables, et quand Carmen lui demanda de rester le week-end pour l'aider à monter le nouveau lit de leur fille, il ne put refuser ; en effet, la petite devait passer la journée et la nuit chez une amie. Carmen voulait lui en faire la surprise à son retour.

Ils occupèrent tout leur samedi à déménager, nettoyer, visser et clouer. Comme ils n'étaient pas spécialement bricoleurs, les choses n'avancèrent que très lentement et lorsqu'ils eurent terminé, vers 19 heures, Julien s'affala sur le canapé. Carmen, elle, cuisina, puis se changea. Les choses sérieuses devaient commencer.

Ils dînèrent et burent plus que de raison. Julien retrouva la femme souriante et drôle qu'il avait connue des années plus tôt, avant qu'elle ne devienne uniquement mère ; et lorsque arriva le moment de se coucher, il rejoignit la chambre conjugale, qu'il avait délaissée depuis longtemps.

Il passa plusieurs semaines chez lui, négligeant sa maîtresse, pour le plus grand bonheur de Carmen. Elle multiplia les gestes d'attention. Julien, de son côté, évitait la prof d'EPS. Il ne savait plus où il en était et la jeune femme attendait, épiée par leurs collègues qui étaient heureux d'avoir un nouveau sujet de discussion. Ségolène l'aimait, mais refusait de le supplier ou de lui poser le moindre ultimatum. C'était à lui de choisir. Le sien était fait. Elle retournerait en région parisienne, d'où elle était originaire et partirait loin de la Picardie et de Julien s'il le fallait. Elle garderait l'enfant.

Ségolène donna rendez-vous à son amant dans un restaurant amiénois. Lorsqu'elle le regarda, il comprit qu'il était encore amoureux ; et quand elle lui apprit qu'elle attendait son enfant, il décida d'emménager définitivement chez elle, de demander sa mutation également et le divorce, par la même occasion.

La confrontation avec Carmen fut terrible. Lalie, dans sa chambre, entendit tout ce que se dirent ses parents, sans aucun filtre. Elle comprit que son père allait avoir deux bébés : un avec l'autre femme, mais surtout, un avec sa mère.

En effet, Carmen avait piégé Julien. En enlevant son stérilet et en se rapprochant de lui, elle avait voulu lui donner l'enfant qu'il avait tant espéré. Son audacieux stratagème avait fonctionné. Elle aurait l'enfant, mais avait perdu son mari. Définitivement.

Elle n'a que 34 ans et deux enfants. Ses amies lui disent qu'elle pourra refaire sa vie, mais elle n'en a pas envie. Julien et sa pute vivent désormais à Bois-Colombes. Ils ne se parlent que pour l'éducation des petits, enfin, de leur fille surtout. Julien n'est venu voir le bébé que 10 jours après sa naissance, en ramenant Lalie. Il avait eu un garçon, Malo, qui n'avait que quelques semaines de plus que Charles. Si Malo était son fils, Charles, lui, n'était qu'un accident. Il prenait néanmoins ses deux enfants un week-end sur deux et la moitié des vacances scolaires et appelait Lalie tous les soirs. Lalie. Pas Charles.

*

Lalie est assise avec sa mère par terre, sur le tapis bordeaux, devant le canapé. Elles jouent avec le bébé. Il rit en rampant de l'une à l'autre.

Après quelques dizaines de minutes, Carmen va le coucher pendant que Lalie prend sa douche, avant de redescendre. C'est le moment préféré de la fillette, celui où sa mère n'est qu'à elle. Toutes deux discutent de tout et de rien. Carmen a bien conscience qu'elle ne devrait pas se confier autant à sa fille, ce n'est pas son rôle, mais elle ne peut s'en empêcher. Elle lui parle de la pute, de la façon dont elle a brisé leur famille, elle évoque souvent leur vie d'avant, lorsqu'ils étaient heureux, parce qu'elle en est certaine : si Julien les a quittées, c'est uniquement par devoir, non par désir.

Lalie écoute, silencieuse. Quand arrive le moment pour elle d'aller dormir, elle monte seule et passe embrasser Charles. Elle le fait tous les soirs. Comme toujours, il se met à pleurer dès qu'elle quitte sa chambre, ce qui oblige Carmen à venir. Elle en profite alors pour border Lalie avant d'aller consoler son fils.

3

Jeudi 19 septembre.

Lalie enfile un pull vert, son préféré. Le vert correspond bien au jeudi, elle ne sait pas exactement pourquoi. Les couleurs n'appartiennent qu'à elle. Elles ne changent pas, elles ne partent pas s'installer avec la pute, non ! Les couleurs restent avec elle. Lalie coordonne toujours ses chaussettes à son haut. Sa mère pense que c'est par coquetterie, mais non. C'est parce que les choses doivent être comme ça.

Elle brosse ses cheveux. Quand elle était toute petite, ils étaient très blonds et puis ils avaient foncé. C'est normal parce que sa maman est châtain foncé, comme son père. Dommage. Maintenant, ils lui arrivent aux épaules. Elle n'aime pas ça, mais sa mère trouve que les cheveux longs sont trop difficiles à entretenir.

Elle prend le car, comme chaque matin. L'après-midi, il fait un circuit de près de 40 minutes avant de s'arrêter à proximité de la maison. Elle remonte donc à pied et ça lui convient.

La matinée de classe se passe tranquillement. Lalie, qui a oublié son stylo bleu, a pioché dans la trousse d'Andy le loser, comme elle l'appelle. Il n'a pas osé s'y opposer, cette fois encore. Lalie est la chouchoute, l'élève que tout le monde aime. Elle s'est portée volontaire pour être sa tutrice.

Le tutorat est la pire chose qui ait été inventée à l'école de Monduit ; enfin, c'est ce que pense Andy. Le principe est pourtant simple : les bons élèves qui se portent volontaires aident ceux qui sont plus faibles. Ça pourrait être beau, mais dans les faits, ça divise la classe en trois : les supérieurs, les « je ne m'occupe que de moi », et les idiots. Andy fait partie des idiots et Lalie se charge de le lui rappeler continuellement. Pourtant, au fond de lui, il sait qu'il n'est pas bête. Il est trop fatigué pour arriver à se concentrer, c'est tout. Il se couche tard. Mme Cayaux croit que c'est parce qu'il regarde trop la télé, mais ce n'est pas vrai. Chaque jour après l'école, il rentre avec ses trois frères et s'en occupe jusqu'au retour de sa mère, vers 20 heures. Il aide Ronny à faire ses devoirs et fait jouer les petits. C'est lui qui gère le goûter et le repas du soir. Sa mère est auxiliaire de vie, elle travaille chez plusieurs personnes âgées et fait des remplacements dès que possible. Quand elle rentre le soir, même si elle est crevée, elle leur sourit et les embrasse. Elle couche les petits à 21 heures, et Andy peut rester avec elle jusqu'à 22 heures. C'est son moment préféré. Lorsque à l'école, ils ont travaillé sur le rythme de vie des enfants, Andy n'a rien dit. Dans les familles normales, les enfants de CM2 vont se coucher entre 20 heures et 21 heures alors que lui ne s'endort jamais avant 23 heures ou 23 h 30 (le temps de se laver les dents et de réfléchir dans le lit). Mais ça, sa maîtresse ne le sait pas.

L'an dernier, Mme Cayaux a informé sa mère qu'il ne fournissait pas assez d'efforts, alors, en rentrant à la maison, elle l'a réprimandé. Elle lui a dit qu'elle travaillait toute la journée pour que ses enfants n'aient pas à trimer comme elle. « J'espère au moins que tu donnes le meilleur de toi », lui a-t-elle dit. Mais comment lui avouer qu'il n'arrivait pas à travailler en s'occupant des petits tous les soirs et le mercredi après-midi ? Il n'avait pas eu envie de la rendre triste et s'était contenté de lui promettre de faire des efforts. Il était, cette année encore, dans la caste des idiots et devait se coltiner Lalie. Lalie, c'était la pire. Elle passait son temps à le rabaisser, à l'humilier et à se moquer de lui. Personne ne lui avait demandé s'il souhaitait se faire aider, non, personne. Quand on fait partie des idiots, on doit accepter que des gens qui pensent nous faire du bien nous imposent d'être les faire-valoir de Lalie et de ses copines.

Il secoue la tête et la regarde :

« Tu peux me rendre mon stylo bleu, maintenant ?

– J'en ai besoin.

– Ben, moi aussi. J'en ai qu'un et on va commencer la dictée.

– Tant pis pour toi. Tu n'as qu'à la faire au vert.

– Mais je vais me faire engueuler si je fais ça ! Allez, rends-le-moi, dit-il d'un air suppliant.

– Sinon quoi ? Débrouille-toi, sinon je dis à Madame que tu as volé ma trousse.

– Mais c'est pas vrai !

– Entre toi et moi, tu penses qu'elle croira qui ? »

Andy se tait. Il sait qu'elle a raison. Lalie fait toujours ça. Elle se sert des autres et joue la gentille devant les adultes. Il ne peut que la fusiller du regard avant de prendre un stylo vert et de commencer la dictée.

Mais Lalie n'en a pas terminé avec lui. Après avoir écrit les trois premières phrases, elle lève le doigt et interrompt la maîtresse.

« Oui, Lalie ?

– C'est Andy, madame. Il fait son travail au vert.

– Andy !! Mais c'est pas vrai ! Combien de fois dois-je te répéter qu'une dictée se fait au stylo bleu ? »

Il baisse la tête et murmure :

« J'en ai pas.

– Ne marmonne pas et articule ! Je n'entends rien !

– J'en ai pas.

– Je lui en aurais bien passé un, mais j'ai oublié mon stylo de secours. »

Andy regarde Lalie, qui lui sourit. Il la déteste.

« Ce n'est pas ton rôle, Lalie, tu en fais bien assez, lui répond l'institutrice. Allez, Andy, va en prendre un sur mon bureau et dépêche-toi ! Tu nous as fait perdre bien assez de temps comme ça ! »

Andy s'exécute sous le regard compatissant de sa voisine. Il la hait.

Le midi, Lalie déjeune avec ses amies sur l'unique table ronde de la cantine. Elle a des avantages, cette table, c'est un peu comme un trône. Déjà, seuls les CM2 peuvent s'y asseoir. Rien n'est écrit, mais c'est comme ça. C'est comme le banc situé sous le préau, c'est celui des grands. L'autre point important est qu'elle est située au centre du réfectoire et surtout, c'est la seule table de 5 : Lalie, Maya, Axelle, Stéphie et Clémence peuvent y manger ensemble. Elles font toutes parties des « supérieures » de la classe et profitent de ce moment pour se moquer des élèves qu'elles tutorent… enfin, sauf Clémence et Axelle. Elles trouvent que ça ne se fait pas. Elles ne disent rien, car elles sont conscientes qu'il vaut mieux être amies avec Lalie que le contraire. Clémence habite dans la même rue qu'Andy. Elle sait que tout n'est pas rose chez lui et qu'il ne mérite pas d'être traité par Lalie comme elle le fait. Elle n'ose pas contrarier son amie, alors, en dehors de l'école, elle essaie d'être le plus sympa possible avec lui. En dehors de l'école seulement.

Lalie passe l'après-midi à pourrir gentiment Andy. Elle aime sentir l'ascendant qu'elle a sur lui. Elle peut le faire punir ou féliciter comme elle le veut et ça lui plaît. Il ne peut que s'écraser. C'est de sa faute aussi ! Quand on est de la merde, il ne faut pas s'étonner qu'on nous traite comme telle.

À la sonnerie, elle prend le chemin de sa maison. Elle sait que les vieux du village passent leur temps à regarder les enfants, alors elle avance lentement, les cheveux bien coiffés, le pull vert apparent sous son imperméable. Elle aime être vue, mais par-dessus tout, elle aime qu'on la trouve jolie.

En passant la maison de Mme Solomon, elle sourit. Cette dame âgée aux cheveux violets ne loupe jamais une sortie des classes. Normal : elle ne doit plus avoir de vie, à son âge.

Lalie arrive enfin chez elle, lance son sac dans l'entrée et court dans le jardin. Elle se positionne près des chatons et s'assied sur l'herbe pour les observer. Elle ne s'est pas encore décidée sur celui ou celle qu'elle adoptera. Elle ne veut pas d'un infirme, ni d'un trop faible ni d'un empoté. En fait, elle veut un chat pour avoir un animal. C'est vrai, toutes ses amies en ont un. Sa mère a toujours refusé, mais depuis que son père est parti avec la pute, elle est devenue plus arrangeante sur certaines choses. Et le chat en fait partie. Ce ne sera pas le gris : c'est une victime. Quand les autres l'écrasent ou le poussent, il ne réagit pas. Elle le prend dans ses bras et l'observe sous toutes les coutures. Dommage. Il est plutôt joli. Des talons claquent sur la terrasse.

« Tu as passé une bonne journée, ma chérie ?

– Très bonne, maman. Tu sais, Andy avait encore oublié son stylo bleu aujourd'hui, mais je n'en avais qu'un. Alors, Madame a dû arrêter la dictée pour lui en prêter un.

– Ça promet ! Je risque fort de me le coltiner dans deux ans, cet Andy.

– Il aura le temps d'acheter un stylo d'ici là ! »

Carmen rigole.

« Je prends mon thé et je vais chercher Charles. Tu viens avec moi ?

– Non, merci ! Je préfère rester avec les bébés chats. »

4

Je la regarde s'éloigner et je sais que, comme d'habitude, elle va se mettre à chialer dans la cuisine. C'est ma mère, mais souvent, elle me dégoûte. Toujours à pleurnicher au lieu de reprendre ce qui lui appartient : mon père, il est à nous ! Pas à la pute ni au demi-pute. Le demi-pute, c'est Malo. C'est simple : comme sa mère est une pute, lui, il l'est à moitié. C'est un demi-pute parce que c'est un garçon. J'ai regardé dans le dictionnaire, il n'y a pas de masculin pour ce mot.

Maman est faible. Elle a cru que papa resterait à cause de Charlot. Mais qui resterait à cause de lui ? Il ne sert à rien, sauf à capter l'attention de maman quand elle ne devrait s'occuper que de moi, comme avant. Parfois j'aimerais le faire disparaître, mais ce n'est pas possible. Pas maintenant.

Un miaulement : c'est le chaton. Quand je m'énerve, je serre les mains fort, c'est une habitude. Mais là, j'ai oublié que je tenais le petit chat. Ce serait si facile de le tuer. Il pousse de petits couinements. Je souris et le lâche. Il se réfugie auprès de sa mère.

Je monte dans ma chambre, j'ai ma valise à finir.

Je n'ai pas été triste lorsque papa est parti. C'est vrai, je crois que si j'avais pu choisir, je l'aurais quittée, elle aussi. Elle n'est pas méchante, elle fait de son mieux, mais elle est faible, comme le petit chat ; mais lui, au moins, je peux le mettre de côté. Tiens, ça, c'est une chose que j'ai le droit de penser, mais que je ne dois pas dire. J'ai toujours été obligée de faire ça : trier les mots. Quand j'étais petite, je ne le savais pas. Mes parents racontaient souvent que je disais des bêtises alors qu'en fait, j'étais honnête. J'ai compris que l'honnêteté, ce n'était bon que dans les livres. Dans la vie, il vaut mieux cacher ce qu'on ressent (*non*) ce que l'on ressent ou ce que l'on ne ressent pas. On ne peut rien me reprocher : je suis polie, gentille, serviable et je travaille bien. Personne ne me connaît, pourtant. Ni mes parents ni mes amies. Le seul qui me cerne un peu, c'est Andy, mais lui je m'en moque. Il peut penser ou dire ce qu'il veut, personne ne le croira.

J'entends maman en bas, elle est de retour avec Charlot. En fait, c'est Charles, mais je trouve que Charlot lui va mieux. Elle n'aime pas que je l'appelle comme ça, alors, je continue uniquement dans ma tête.

Je sors de la douche et me brosse les dents. Mes copines se lavent avant de manger. Moi, c'est toujours après. Pendant que je suis dans la salle de bains, maman s'occupe de Charlot et va le mettre dans son lit ; ensuite, nous restons ensemble jusqu'à 20 h 45. C'est l'heure où je dois me coucher (*non !*) c'est l'heure à laquelle je dois me coucher. (*C'est Samuel qui m'a dit de faire ça : de me corriger lorsque je ne pense pas correctement. « Les fautes de français sont graves même si elles ne sont ni écrites ni dites à haute voix. » Je me reprends donc quand il le faut.*)

C'est le moment de la journée que je préfère. Maman va me brosser les cheveux et me coiffer pour la nuit et puis on discutera. Avec un peu de chance, elle ne me parlera pas de la pute ! Je descends et me blottis contre elle, sur le canapé. Elle m'enveloppe de son grand châle bleu.

« Il commence à faire froid. Que dirais-tu de rallumer la cheminée demain soir ? On est qu'en septembre, mais les soirées sont fraîches.

– Oui ! Un feu !

– Oh, mais demain vous ne serez pas là. J'ai oublié que ton père venait vous chercher pour vous emmener chez sa pute.

– Papa n'aime pas que tu l'appelles comme ça.

– Eh bien, tu ne le lui diras pas ! Mais bon, une femme qui casse une famille, c'est une pute. »

Ça y est ! Ça recommence ! Elle va encore se plaindre pour finir par pleurer comme à chaque fois. Quand elle chiale, elle mélange des mots espagnols et français et parle très vite. Heureusement que je la connais, sinon, je serais incapable de la comprendre.

C'est ma mère, mais je n'arrive pas à être malheureuse pour elle. En fait, je n'arrive jamais à être triste ou joyeuse. Il y a des choses que j'aime bien, d'autres qui m'ennuient, mais rien qui me rende gaie ou triste. J'en ai parlé un peu la semaine dernière avec Annie, la bibliothécaire, mais je ne lui ai pas tout dit. Je ne suis pas folle. Elle ne pourrait pas comprendre que je n'aime ni papa, ni maman, ni même Charlot. Je sais que ça ne se fait pas.

J'étais assise sur l'un des gros coussins de la bibliothèque et elle est venue s'asseoir près de moi. Elle pensait que j'étais soucieuse alors que j'étais en train de réfléchir.

« Qu'est-ce qui se passe ? Tu as un problème ?

– Parfois je trouve qu'il y a un truc qui ne va pas chez moi. »

J'avais bien fait attention à dire « un truc qui ne va pas ». Répondre que j'avais une incapacité à exprimer ou à ressentir la moindre émotion aurait été étrange. Si je ne veux pas me faire repérer, je dois parler comme mes amies.

« Qu'est-ce qui ne va pas chez toi ?

– Eh bien… Je n'arrive pas à être vraiment heureuse ou vraiment triste. Avant j'y arrivais, pourtant. »

Ça, c'était un mensonge, mais elle n'était pas obligée de le savoir.

« Ce sont des phases qui peuvent se produire. Tu as vécu de grands bouleversements. Les choses ne sont pas simples à la maison… »

Allez, tu peux dire que mon père s'est cassé avec la pute, je ne t'en voudrais pas.

« C'est vrai que c'est parfois compliqué.

– Tu vois ? Sois rassurée, ça ne sera que passager. »

Compte là-dessus.

« Tu es sûre ?

– J'en suis certaine. Toi qui aimes tant lire, suis-moi. Nous allons dans la rangée des livres de psychologie. Normalement, ils sont réservés aux adultes, mais il y en a certains pour enfants et je pense que tu pourras y trouver quelques réponses. En as-tu parlé à tes parents ?

– Non. Pas encore. Les choses sont un peu difficiles en ce moment… »

Vas-y ! Sois honteuse de m'avoir mise mal à l'aise. En cherchant bien, je suis sûre que tu pourras voir une larme briller au coin de mes yeux. J'y arrive comme je veux.

Et maman qui continue à parler ! J'avais presque réussi à l'oublier, celle-là !

« Et tu crois qu'il passerait un peu de temps avec son fils ? Jamais ! À croire qu'il n'existe pas ! »

Elle répète toujours la même chose, elle ne pourrait pas changer un peu ?

« Mon pauvre Charles ! Si ça continue, son père ne sera qu'un inconnu pour lui. Tu sais qu'il a osé me demander si tu pouvais passer le week-end chez lui sans ton frère. *¡Madre de Dios!*[1] Parfois je me dis que c'était une erreur, que je n'aurais jamais dû avoir cet enfant.

– Alors, abandonne-le. »

Elle s'arrête subitement et me regarde. Merde. J'ai pensé à haute voix. Je m'étais pourtant juré de faire attention. Mais c'est de sa faute aussi ! Je souris. Son visage s'éclaircit.

« Tu sais que j'ai failli te croire ? Tu es vraiment…

– Extra ?

– Oui, c'est ça. Extra. Allez, zou ! Au lit, mademoiselle !

– Oh, encore cinq minutes, s'il te plaît.

– Non, non. Il est tard. Je passerai t'embrasser tout à l'heure.

– Bonne nuit, maman. Je vais embrasser Charles.

– Bonne nuit, trésor. »

Je monte et me dirige vers la chambre de Charlot. Je m'approche de son lit à barreaux. Il dort.

---

1 Mère de Dieu !

Un filet de bave sort de sa bouche et il a des croûtes de morve qui ont séché sur le coin de son nez. Son lapin géant est tombé. Je le remets tout contre le barreau. Maman m'a dit qu'il ne faut pas de peluches près de son visage, ça pourrait être dangereux. Ce qui est bizarre c'est que même si je n'aime pas Charlot, il est hors de question que quelque chose lui arrive. Enfin, quelque chose que je n'aurais pas souhaité. S'il doit avoir mal, il faut que ce soit avec moi.

Je m'approche et lui effleure la joue. Il est tout chaud et respire calmement. Je le trouve gros. Maman dit « potelé », mais je trouve que « gros » est le bon mot. Il a 7 mois et à part manger ou dormir, il ne fait rien de bien intéressant. Ah si ! Il rampe.

Je déplace monsieur Rabbit, son lapin géant, lui caresse la joue et entreprends d'enlever les croûtes sèches sous son nez. Ça accroche et il commence à gigoter.

Qu'est-ce que c'est douillet un gosse !

Je vais continuer l'expérience que j'ai commencée la semaine dernière. Ma main remonte un peu. Dès que mon pouce et mon index sont en place, je serre ses narines et compte. Il sursaute et s'agite dans tous les sens. Il ouvre la bouche et essaie d'aspirer de l'air. Qu'il est bête ! Je compte :

« Un, deux, trois, quatre… »

Oh, tu ne peux pas t'arrêter un peu de bouger ? Je suis obligée de me replacer à chaque fois.

« … huit, neuf, dix, onze, douze. »

Il est écarlate. Je relâche tout. Il prend une longue inspiration (*plus longue qu'hier, tiens*) et se met à hurler. Je sors de la chambre et crie :

« Ma ! Man ! Il s'est encore réveillé !

– Mon Dieu ! Cet enfant va me tuer ! Va te coucher, Lalie ! Je viens te voir et j'irai le calmer ensuite, *¿Vale?* »

Maman arrive directement dans ma chambre. Elle ne veut pas accourir dès que Charlot pleure, pour qu'il ne prenne pas de mauvaises habitudes, et ça me va. Tant que je passe avant lui, tout roule.

Elle s'assied au bord de mon lit et m'embrasse. Je l'enlace pour qu'elle reste un peu plus longtemps (*j'aime bien les cris de bébé*).

Au bout de quelques minutes, elle se lève, ferme la porte et va s'occuper de Charles. Je sais qu'elle descend avec lui et le garde jusqu'à ce qu'il se rendorme et je m'en fiche. J'ai tenu douze secondes. C'est trois de plus qu'hier. La prochaine fois, j'essaierai jusqu'à quinze.

5

Vendredi 20 septembre.

Lorsque Lalie arrive à l'école, ce matin, il y a du changement. Mme Cayaux sera absente durant de longues semaines. Elle s'est cassé la jambe. Une remplaçante arrivera en début d'après-midi, mais pour le moment les élèves sont répartis dans toutes les autres classes. Elle déteste ça. Maya et Clémence se retrouvent ensemble, tout comme Axelle et Stéphie. Elle, sera coincée avec deux élèves complètement inintéressants, ce qui la contrarie d'autant plus. Andy sera avec les CP. Lalie se rapproche de lui et murmure :

« Comme ça, tu auras peut-être une chance d'apprendre à lire correctement. »

Le garçon baisse la tête et fixe ses chaussures. Cette phrase, c'est cadeau. Lorsque Lalie est contrariée, il faut que quelqu'un d'autre le soit aussi. Normal.

Elle retrouve ses amies à la cantine et chacune essaie d'imaginer la tête de leur future maîtresse.

À la sonnerie, Lalie s'est rangée la première pour que son institutrice l'apprécie immédiatement.

La remplaçante s'appelle Mme Ferrart. Elle est bien plus jeune que Mme Cayaux et elle sourit continuellement. Elle aimera forcément Lalie.

Une fois installés, elle les informe de l'arrivée d'une élève, dès lundi. C'est l'ébullition. Une nouvelle élève, c'est une attraction, et toute la classe se met à chuchoter. Mme Ferrart doit hausser le ton pour obtenir le calme, et leur donne quelques explications : Jade vient de perdre son père et a emménagé à Monduit. Il lui faudra peut-être un peu de temps pour s'acclimater. Touchés, les enfants se promettent d'être agréables avec elle.

Lorsque la sonnerie retentit, Lalie court vers la grille et scrute les parents qui attendent sur le trottoir d'en face. Une voix retentit :

« Lalie ! Je suis là ! »

C'est son père. Il est dans sa voiture et lui fait signe au travers de la vitre. Elle court à sa rencontre. Il sort du véhicule et lui ouvre ses bras. Lalie s'y précipite. Il la porte et la fait tourner. Elle éclate de rire.

« Mais c'est ma princesse ! Comme tu m'as manqué ! Comment tu vas ?

– Arrête ! Tu me serres trop fort ! Je vais bien. On a une nouvelle maîtresse, elle s'appelle Mme Ferrart et elle a l'air très gentille. Y a une nouvelle élève qui arrive lundi, mais on ne sait pas comment elle s'appelle, et Andy il n'avait pas de stylo bleu hier. Les petits chats ont grandi et…

– Hé ! Laisses-en un peu pour le trajet, ne me dis pas tout d'un coup. Allez, monte. Ton frère est déjà installé. »

Lalie sourit.

« Je peux m'asseoir devant ?

– Rappelle-moi quel âge tu as ?

– Mais j'ai bientôt 10 ans !

– Eh bien, tu iras bientôt devant.

– J'en ai marre d'être à côté de Charles. Il bave tout le temps », dit-elle en lançant un regard noir en direction de son frère, qui essaie désespérément de faire entrer son poing dans sa bouche.

Le père et la fille éclatent de rire.

« C'est parce qu'il fait ses dents. Allez, mademoiselle, la route est longue et Ségo nous attend. Je crois bien qu'elle a fait des crêpes pour ce soir. »

Lalie s'installe derrière son père et ferme les yeux. La pute essaie de se faire accepter en cuisinant des choses qu'elle aime. Stéphie, dont les parents sont séparés, l'avait prévenue. L'intrus essaie toujours de se faire bien voir des enfants. En étant maligne, elle pourra avoir tout ce qu'elle veut. Elle ouvre les yeux et croise le regard de son père dans le rétroviseur. Il semble soucieux.

« Dis-moi, tu l'aimes bien Ségolène ? »

Lalie hausse les épaules.

« Et Malo ?

– Bah, c'est comme Charles. »

Julien semble soulagé. Si Lalie considère Malo comme son frère, c'est que les choses vont dans le bon sens.

La fillette regarde le paysage pendant toute la durée du trajet. Voir les arbres et les champs défiler sur les bords de l'autoroute A16 a quelque chose d'hypnotisant. Ça l'apaise. Charles s'est endormi rapidement, comme à chaque fois qu'il est en voiture. La radio résonne dans tout l'habitacle. Julien n'a jamais été féru de musique, c'est plutôt le domaine de Carmen qui n'écoute que de la variété française ou espagnole. Ça fait aussi partie des choses qui ont changé depuis qu'il connaît Ségolène. Elle l'a initié au rock.

Ils arrivent enfin dans un quartier résidentiel de Bois-Colombes et Julien pousse un soupir de soulagement. Les allers-retours pour récupérer et ramener les enfants occupent une partie non négligeable de son week-end de garde.

Il pousse la grille blanche d'une main, l'autre étant prise par le cosy de Charles et ils montent les quatre marches aboutissant à l'entrée. C'est une grande maison en pierres meulières qui appartenait à l'origine aux grands-parents de Ségolène. Julien et elle la louent, pour un prix dérisoire, à ses parents. Elle a été conçue pour une grande famille. Le hall s'ouvre sur un couloir au fond duquel se trouve un escalier menant aux étages supérieurs. Sur la gauche, il y a deux portes. La première permet d'accéder à la cuisine, et la seconde, aux toilettes. À droite, c'est la salle à manger. L'accès au garage se fait par une petite porte située derrière les marches, près de la buanderie.

Ségolène descend de l'étage, Malo dans les bras.

« Ça y est ! Vous êtes enfin là ! »

Lalie s'avance pour l'embrasser poliment avant de demander à son père :

« Je peux aller dans ma chambre ?

– Tu n'as pas à demander, tu es chez toi ici. Je vais monter ta valise.

– Non, merci, papa, je peux le faire toute seule. Elle n'est vraiment pas lourde. »

Son cartable sur le dos, elle prend sa valise et monte l'escalier. Ils dorment tous au premier étage pour le moment. Il se compose d'une salle de bains et de trois chambres. La première est celle des garçons. Deux lits à barreaux y sont placés côte à côte. Juste en face se trouve la chambre parentale. Lalie n'y entre jamais : c'est l'antre de la pute. Elle continue et ouvre la deuxième porte à gauche. Elle y est. Lorsqu'il avait emménagé, son père lui avait proposé de choisir l'agencement et la couleur de sa chambre. Lalie avait demandé qu'elle soit identique à celle de Monduit. Julien avait accepté, espérant aider sa fille à trouver ses marques dans cette maison inconnue.

Dans un an ou deux, elle pourra, si elle le souhaite, déménager au second, ce qui permettra aux petits d'avoir chacun un espace et à elle, d'être plus tranquille. Si elle avait pu choisir, elle l'aurait déjà fait, mais bon, son père trouve qu'elle est encore trop jeune pour s'isoler.

Julien et Ségolène font leur possible afin qu'elle se sente au mieux dans cet environnement, mais Lalie déteste cette maison.

Elle pose son cartable à côté du bureau, réajuste son gilet violet devant le miroir et descend calmement. Elle met un point d'honneur à se comporter en invitée, ici. Elle ne prend aucune initiative et se montre réfléchie et polie en toute circonstance. Elle n'est pas chez elle et ne le sera jamais. Son père fait peut-être mine de ne rien voir, mais la pute n'est pas dupe.

Lalie entre dans la cuisine et referme doucement la porte. Les garçons sont chacun assis sur une chaise haute tandis que la pute se prépare à leur donner à manger. On pourrait croire qu'ils sont jumeaux. Lalie les fixe, inexpressive.

Lorsqu'elle s'aperçoit de sa présence, Ségolène sursaute. La petite a toujours pour habitude de surgir sans un bruit. La jeune femme lui sourit.

« Tu m'as fait peur. Tout va bien ?

– Il est où papa ?

– Dans le bureau. Il ne va pas tarder. Tu veux quelque chose ?

– Je peux appeler maman ?

– Bien sûr, voyons. Le téléphone est à sa place. »

Lalie va chercher le combiné dans le séjour et compose le numéro dans la cuisine. Elle parle à sa mère sans quitter Ségolène des yeux. Celle-ci n'entend qu'une partie de la conversation, mais n'en perd pas une miette, tout en donnant à manger aux garçons.

« Oui, ça va... Papa ? Je ne sais pas où il est... Charles est en train de manger... Non, ce n'est pas papa, c'est elle... Je ne sais pas ce qu'on va faire ce week-end... Je ferai mes devoirs, j'ai pas beaucoup de choses... Moi aussi je t'aime... Bisous. »

Lalie va embrasser tendrement Charles en ignorant Malo puis regarde sa belle-mère en souriant :

« Maman m'a dit d'embrasser mon frère. »

Elle sort en sautillant. Ségolène soupire. Elle n'a pas le beau rôle, mais elle fait de son mieux. Elle aime Charles, mais n'arrive pas à se faire accepter par Lalie. Julien minimise la chose, mais elle est sûre que sa fille la déteste. Qui lui en voudrait d'ailleurs ? Elle n'a que 9 ans ! Elle en parlera à Laure, demain.

Laure est sa grande sœur. En tant que psychologue, elle pourra peut-être la conseiller. Elle l'espère tout du moins.

6

Samedi 21 septembre.

Laure peste. C'est la deuxième fois qu'elle fait le tour du pâté de maisons sans trouver la moindre place. À croire que les banlieusards ne sortent pas le week-end. Bah non, ils ne sortent pas, ils reçoivent les Parisiens venus se mettre au vert.

Elle trouve enfin à garer sa Fiat 500 non loin de la maison, en empiétant légèrement sur le bateau d'une voisine. *Pas grave, c'est la maison de Mme Abossian, elle n'a pas de voiture*. Elle connaît ce quartier et ses plus anciens habitants depuis toujours. Savoir que Ségolène y vit maintenant est quelque chose de rassurant, parce que cette maison a toujours été le refuge familial. Elle monte les quelques marches qui mènent à la porte d'entrée, plonge ses doigts dans les plantes en pots situées à droite de celle-ci, histoire de vérifier qu'elles n'ont pas trop soif et sonne. Ségolène ouvre et l'enlace. Laure sourit :

« Carrie[1] est là ?

– Chut ! Ne l'appelle pas comme ça.

– C'est bien toi qui m'as dit qu'elle était bizarre, non ?

– Oui… enfin, non… je pense qu'elle me croit responsable de la séparation de ses parents.

– Ben, c'est un peu le cas.

– Si toi aussi tu t'y mets !

– Mais non. Ce que je veux te dire, c'est que si Julien n'était pas tombé amoureux de toi, son monde serait resté inchangé. Maintenant, il faut qu'elle se fasse à sa nouvelle vie ; sans parler de ce que sa mère peut raconter sur toi.

– J'ai besoin que tu m'aides. J'ai vraiment envie que ça colle entre elle et moi. Je ne suis pas son ennemie.

– Je le sais bien, moi, mais maintenant, il faut qu'elle s'en aperçoive. Allez, il est temps de faire les présentations. »

Les deux sœurs s'avancent dans le salon. Lalie est assise sur le canapé, droite, les mains posées à plat sur ses cuisses. Elle porte une jupe bleu marine qui lui arrive aux genoux, un chemisier en broderie anglaise blanc sous un gilet rouge et des chaussettes blanches qui montent jusqu'à mi-mollet.

---

1 Héroïne de Stephen King.

Ses cheveux ondulés lui arrivent aux épaules et sont retenus par un serre-tête en écaille.

Qui habille sa gosse comme ça au XXIe siècle ?

L'enfant la regarde et lui sourit. Laure s'avance pour l'embrasser, mais Lalie se lève et lui tend la main.

« Bonjour, Lalie, je suis Laure.

– Je m'appelle Eulalie.

– Eulalie ?

– Personne ne t'appelle comme ça, chérie, déclare Julien en s'approchant.

– Mais c'est mon nom.

– Encore une lubie de sa mère, continue-t-il en embrassant Laure. Tout le monde l'appelle Lalie.

– Non, pas tout le monde !

– Ah oui ? »

La fillette baisse la tête quelques secondes puis sourit.

« C'était une blague, tu peux dire "Lalie". »

Le déjeuner et l'après-midi se passent au mieux. Ségolène et Laure entretiennent la conversation. Julien et Lalie quant à eux, écoutent et interviennent peu. Laure remarque rapidement que son beau-frère ne s'occupe pas de Charles. Seule Ségolène semble s'en soucier et pourtant, ce n'est pas son fils. Elle gère les deux garçons. Il faudra qu'elle lui dise que cette situation ne peut pas durer. C'est à lui de passer du temps avec son fils.

Laure n'arrive pas à cerner Lalie. La fillette est très polie, mais son comportement lui semble factice. Elle n'arrive pas à cibler exactement ce qui la dérange, mais elle ressent comme un malaise. Les réponses de Lalie sont trop réfléchies pour une enfant de cet âge. Même si sa patientèle n'est constituée que d'adultes, elle est certaine d'être dans le vrai. Lalie manque de spontanéité. C'est sans doute dû à la séparation de ses parents et au besoin légitime, de se sentir aimée, mais il y a autre chose d'insaisissable.

Au moment de partir, elle prend le temps de murmurer à sa sœur :

« Tu as raison, elle est zarbe[1]. On en reparlera si tu veux. »

Le soir venu, Julien, comme à son habitude, embrasse rapidement Charles, câline Malo et monte coucher Lalie. Ségolène se charge des garçons.

Dans la chambre, il s'assied au bord du lit et sourit à sa fille.

« La prochaine fois que tu viendras, c'est Ségolène qui te couchera. Bien sûr, je monterai t'embrasser après, mais ça lui permettra de passer un peu de temps avec toi.

– Mais je préfère que ce soit toi !

---

1 Bizarre.

– Tu dis ça parce que tu ne la connais pas. Elle t'aime beaucoup, tu sais.
– Ce n'est pas vrai.
– Mais oui, elle me l'a dit. Et toi, tu l'aimes ?
– Non. »

Julien accuse le coup. La réponse de Lalie est sans appel.

« Mais pourquoi ? Je pensais que tu l'aimais bien.
– Maman l'appelle "la pute". »

Il hoquette de surprise.

« Pardon ?
– Maman dit que les femmes qui volent les maris des autres sont des putes et que Ségolène est une pute. »

Julien est furieux et se promet de régler cette situation avec Carmen au plus vite. Il n'acceptera pas qu'elle diffame Ségolène devant leur fille. Hors de question.

« Ta mère est en colère et ses mots ont dépassé sa pensée. Je ne veux plus t'entendre dire ça parce que c'est à la fois méchant et blessant vis-à-vis de Ségolène. Il est plus que temps que tu apprennes à la connaître. Tu verras que tu l'aimeras. »

Lalie sent confusément qu'elle est allée trop loin. Il faut qu'elle se rachète aux yeux de son père. Elle se met à pleurer doucement.

« Pardon, papa, je ne voulais pas être méchante. Tu sais, maman pleure tous les soirs et moi, je sais qu'elle est malheureuse.

– Ce sont des affaires de grands, ma Lalie. Les choses vont s'arranger, je te le promets. »

Il se penche et l'enlace. Ils restent un long moment accrochés l'un à l'autre. Lorsque Julien referme la porte de la chambre, Lalie essuie rapidement ses larmes et sourit. *Je n'aimerai jamais la pute. Jamais.*

*

Il est presque 19 heures lorsque Julien dépose les enfants chez Carmen. Lalie se précipite dans les bras de sa mère, qui l'embrasse tendrement. Julien lui tend Charles et pose la valise devant l'entrée. Il ne compte pas s'éterniser, mais prend le temps de prévenir son ex-femme :

« Il va falloir qu'on parle très sérieusement des mots que tu emploies devant Lalie. Je t'appellerai à ce sujet dans la semaine. »

Carmen hausse les épaules et rentre avec ses enfants. La purée de Charles est prête et les croque-monsieur n'ont plus qu'à être mis au four, alors les mots de Julien n'arriveront pas à gâcher le plaisir des retrouvailles.

Lorsque Charles est couché, Lalie raconte son week-end. Carmen veut connaître le moindre détail et sa fille ne se fait pas prier. Elle aime se sentir importante.

Avant d'aller dormir, elle embrasse encore sa mère. Elle va voir Charles comme à l'accoutumée. Arrivée dans la chambre de son frère, elle efface instantanément le sourire qu'elle affichait jusqu'alors et ses traits se durcissent.

« Alors, Charlot, tu as bien profité de ton week-end ? »

Le bambin la regarde en souriant et lui tend les bras.

« T'as rien compris, hein ? Aujourd'hui, je compte jusqu'à quinze. »

Elle s'approche du lit à barreaux, pose une main sur sa bouche, lui pince le nez de l'autre et commence à compter lentement :

« Un… Deux… Trois… »

7

Lundi 23 septembre.

J'arrive à l'école en même temps que mes copines. Normal, nous prenons le même car.

J'ai décidé qu'il fallait que nous soyons amies avec la nouvelle, parce qu'elle n'a plus de papa et qu'elle aura peut-être besoin de nous. Quand ça sonne, nous nous rangeons et Mme Ferrart nous fait entrer. Elle n'est pas là. Quand (*non*) lorsque nous sommes assis, comme d'habitude, Andy n'a pas la patience d'attendre et pose la question que personne n'osait poser :

« Elle est pas là la nouvelle ? »

La maîtresse lui répond qu'elle viendra bientôt. C'est vrai. Elle a à peine terminé que M. Van Beck, le directeur, frappe et entre. Il tient par la main une fille brune aux yeux tristes : qu'est-ce qu'elle est jolie ! Elle ne nous regarde pas. Je n'aime pas les gens qui ne me regardent pas. M. Van Beck la présente :

« Voici Jade. Elle vient d'emménager. Jade a vécu des choses difficiles dont elle vous parlera si elle le désire. Je vous demande de ne pas lui poser de questions et d'être aussi gentils avec elle, que vous l'êtes d'habitude. »

Mme Ferrart la place à la table de libre, de l'autre côté d'Andy. Ça me convient parce que je peux la dévisager. Ses cheveux noirs sont assez longs, ils descendent jusqu'au milieu de son dos. Elle a une raie au milieu de la tête et deux longues nattes avec des élastiques rouges au bout. J'ai répété plusieurs fois à maman que je voulais me les laisser pousser, mais elle a toujours refusé. Elle pense que les avoir jusqu'aux épaules, c'est plus pratique. Je ne veux pas que ce soit pratique, je veux que ce soit joli ! Et c'est beaucoup plus joli quand ils sont longs.

Jade est assise bien droite. Ses yeux bleus balayent la classe. Elle sent que je la regarde et tourne la tête vers moi. Elle me sourit, avant d'écouter la maîtresse. Andy est tout rouge entre nous. Ce n'est pas simple d'être entouré par les plus jolies filles de la classe. Je décide que comme elle est brune et moi châtain clair, nous nous compléterons, ce sera moins monotone… et je ne m'occupe plus d'elle pendant un moment.

À la sonnerie de la récréation, Andy est le premier sorti, comme d'habitude. Je m'approche de Jade :

« Bonjour, je suis Lalie. Si tu as besoin d'aide pour les cours, tu peux me demander, je t'aiderai.

– Merci, mais je crois que ça ira. »

Elle ferme son cahier d'exercices, met son manteau et sort sans me regarder. Mes amies m'attendent à la porte, je les rejoins.

« Alors, qu'est-ce qu'elle t'a dit ?

– Rien de spécial, elle voulait savoir où étaient les toilettes. »

Dans la cour, il y a un attroupement à côté de notre banc : Jade y est assise et il y a plein de garçons autour d'elle. Qu'est-ce qu'ils peuvent être bêtes ! Nous nous approchons.

« Hé, vous là, vous faites quoi ici ? C'est notre banc ! »

Ils partent jouer. Jade nous regarde.

« Je croyais qu'ils étaient à tout le monde. »

Axelle rigole :

« Pas aux garçons en tout cas ! Bonjour, moi c'est Axelle et voilà Stéphie, Clémence et Maya. Tu connais déjà Lalie. Tu peux t'asseoir ici avec nous si tu veux. C'est l'endroit le mieux pour regarder toute la cour.

– Oui, toute la cour, renchérit Maya, qui n'a aucune personnalité et se contente de répéter ce que l'on dit.

– Dans mon ancienne école, les bancs étaient à tout le monde. Ils appartenaient pour la récréation à ceux qui s'y asseyaient les premiers. C'était drôle parce qu'on devait faire la course pour y arriver les premiers. »

Jade accapare la conversation. Elle semble rusée et a vite compris qui il fallait fréquenter pour avoir une bonne réputation. Elle parle peu et écoute beaucoup. Elle paraît intelligente, enfin, elle dit des choses intelligentes.

Après la récréation, en classe, nous faisons des mathématiques. Je suis excellente parce que j'aime beaucoup ça et que je sais que pour réussir dans la vie, il faut réussir en maths, c'est papa qui me l'a dit. Il est toujours très fier quand je lui rapporte mes notes et comme j'aime qu'il soit fier et qu'il me le dise, je fais partie des meilleures. Je m'arrange pour être deuxième, ça me convient. Mme Ferrart me demande, comme d'habitude, d'aider ce loser d'Andy.

« Bien sûr, madame, j'ai terminé. »

Je me tourne vers lui et prends ma voix la plus douce :

« Je suppose que, comme d'habitude, tu n'as pas compris la consigne. Tu veux que je te la lise, puisque tu n'as rien appris depuis hier ?

– Oui, je veux bien.

– Bah, c'est normal. Tu sais, c'est mon papa qui m'explique les maths quand je ne comprends pas, mais ce n'est pas possible pour toi. Ta mère ne pourrait pas t'expliquer ? Ah oui, j'avais oublié qu'elle ne savait pas bien lire aussi…

– Ce n'est pas gentil ce que tu dis ! »

Jade me regarde. Zut ! Elle a tout entendu. J'avais oublié qu'elle était là, celle-là.

« Andy, il ne faut pas que tu la laisses te parler comme ça. J'étais la meilleure de ma classe en maths, si tu veux je peux t'aider.

– C'est vrai ? »

Andy sourit, il a l'air soulagé. Je n'aime pas ça.

« Mme Ferrart a dit que je devais l'aider.

– Oui, elle a dit "l'aider", pas le "rabaisser".

– Que se passe-t-il là-bas ? » demande la maîtresse.

Jade lui répond :

« C'est de ma faute, madame, Lalie a du mal à expliquer à Andy comment faire, alors, comme j'ai terminé moi aussi, j'ai proposé de la remplacer.

– Non, madame, je n'ai pas de mal…

– C'est très gentil de ta part, Jade. »

Andy rapproche sa chaise de celle de Jade et je l'entends chuchoter :

« C'est vrai qu'elle est méchante, elle dit toujours des choses comme ça, et moi, je ne peux rien répondre.

– Tu ne dois pas la laisser faire. Mon père me répétait souvent qu'un service doit être gratuit.

C'est un cadeau qu'on fait à l'autre et qu'on s'offre aussi.

– Il était gentil ton papa.

– Oui, très.

– Pas comme Lalie. »

Andy me lance un regard mauvais et se tourne vers Jade. Ils travaillent ensemble. Je sens mes joues chauffer. C'est la première fois que quelqu'un me trouve méchante et ose me le dire. Je dois rectifier les choses.

À la sonnerie de midi, Andy sort le premier. Je m'approche de Jade :

« Hé, pour tout à l'heure, c'était pour rigoler, pas pour de vrai.

– Te fatigue pas, Andy m'a raconté comment tu l'ai… dais. Je crois que c'est terminé. Tu vas arrêter de le rabaisser, sinon j'irai tout dire à la maîtresse. »

Elle me tourne le dos et quitte la classe. Mes copines s'approchent.

« Qu'est-ce qu'elle voulait ?

– Rien rien… Allez devant, je dois prendre ma carte de cantine, je vous rejoins. »

L'après-midi, j'ai du mal à me concentrer et Mme Ferrart doit me reprendre à plusieurs reprises devant toute la classe. Les autres me dévisagent, surpris, mais ils paieront eux aussi.

Après l'école, comme tous les lundis, je vais (*non*) je me rends à la bibliothèque. J'y fais mes devoirs quand j'en ai et j'échange les ouvrages empruntés la semaine passée contre des nouveaux.

La bibliothécaire du lundi, c'est Séverine. Lorsque j'arrive, elle voit que je ne suis pas comme d'habitude et me laisse tranquille. Je pose mon sac sur une chaise et me promène dans les allées en touchant les livres. Ils ont toujours eu le pouvoir de me calmer. Rien que de les voir et de les sentir, ça m'aide à respirer. Ils n'enlèvent pas ma colère, mais ils me permettent de me concentrer sur autre chose. Je passe devant les rayons pour petits et m'arrête devant l'allée des ados. En général, c'est là que je les choisis ; ceux de mon âge sont trop bébés et je lis beaucoup. Je n'entends pas Séverine arriver :

« Comment as-tu trouvé *Poil de carotte* ?

– Ça va, ce n'est pas mon préféré, mais c'était intéressant. Je peux prendre celui-là ?

– *La Cicatrice* ? Il pourrait te plaire. D'habitude, il est plutôt emprunté par des collégiens, mais il sera à ta portée. »

L'entendre me rassure. Elle ne me considère pas comme une enfant de 10 ans, mais avec elle aussi, il faut que je sois prudente. Je voudrais lui parler de *Poil de carotte*, mais je sais bien qu'elle ne comprendrait pas que mon personnage favori est Mme Lepic. Cette femme est comme moi, elle ne se sent pas obligée d'aimer quelqu'un uniquement parce qu'il fait partie de sa famille et ça me plaît. Vraiment. J'aime les histoires qui parlent de victimes. Ça, (*non*) cela m'apprend à ne pas en être une. Je me suis conduite en victime ce matin, mais ils me le paieront.

8

Maman vient me chercher et s'étonne de me voir muette. Je lui dis que j'ai mal à la tête et elle me laisse tranquille.

Après le repas, je décide d'aller me coucher plus tôt. Ce soir, je compterai jusqu'à vingt-cinq. J'ai lu que le visage pouvait changer de couleur parfois, mais Charlot n'arrive qu'à être rouge. Je veux qu'il soit bleu et peut-être qu'à vingt-cinq, il commencera à l'être.

Maman regarde les infos, alors, j'en profite pour l'embrasser et je monte. Il dort déjà, ce sera facile. Il a les pieds contre monsieur Rabbit. Il doit toujours être en contact avec lui pour arriver à dormir. Maman pense que ça le rassure. Comme si un bébé devait être rassuré ! Je me mets en position et commence à compter :

« Un… Deux… »

Il bouge déjà. Ça ne va pas être simple, mais je tiens.

« Treize… Quatorze… Quinze… Seize… »

Il s'agite dans tous les sens, mais il ne peut rien faire, je commence à sourire, je sais qu'il changera de couleur.

« Lâche-le tout de suite ! »

Merde ! Je ne l'ai pas entendue monter. Maman se précipite, m'écarte brutalement et prend Charlot dans ses bras. Il est écarlate, a la bouche ouverte et essaie désespérément de respirer. Lorsqu'il y arrive enfin, il pousse un hurlement. Il faut que je m'explique :

« Maman, je voulais juste…

– Va dans ta chambre et ne t'approche pas de lui. *¿Vale?* Sors ! Je viendrai te voir tout à l'heure. »

Je cours dans ma chambre et me mets sous la couette. Il va falloir que je trouve une explication parce qu'elle est très en colère, je ne l'ai jamais vue comme ça.

Putain ! Il ne peut pas se taire, l'autre débile ? C'est de sa faute ! S'il avait changé de couleur la dernière fois, je n'aurais pas été obligée de recommencer. Je le déteste ! C'est moi qui vais prendre à cause de lui. Il paiera. En attendant, je dois être très prudente.

J'allume ma lampe de chevet et réfléchis à ce que je pourrais lui dire : que c'est un jeu, que c'est pour l'entraîner pour la piscine plus tard... Non, je sais ! que j'ai vu un film à la télé où un enfant faisait ça et que j'ai voulu essayer, mais que c'était la première fois. C'est toujours bien la télé quand on veut expliquer les choses. On dit qu'on a vu quelqu'un le faire à la télé et c'est elle qui a tous les torts. Je risque d'en être privée pendant au moins une semaine, mais ce n'est pas grave. Va pour la télé.

Je tends l'oreille. J'entends Charles qui hoquette dans sa chambre, maman essaie de le calmer. Elle lui chante MA chanson. Celle d'*Émilie Jolie et du grand oiseau* !

Il ne manquait plus que ça. C'est ma chanson !

Je vais vers la porte pour lui dire qu'elle n'a pas le droit de faire ça, que c'est la chanson qu'elle me chante à moi et qu'elle n'a qu'à lui en trouver une autre, mais je me dis que ce n'est peut-être pas le moment de râler pour une simple chanson. Ce n'est pas la peine de l'énerver davantage. Il faut que je me fasse oublier.

J'entre dans mon lit et prends un livre.

Après plus de vingt minutes maman n'est toujours pas là, pourtant, j'ai école, moi, demain ! On dirait qu'elle s'en fiche que j'y aille fatiguée. Être fatiguée à l'école, c'est le meilleur moyen d'avoir de mauvaises notes. Tant pis, lorsqu'elle demandera pourquoi j'ai raté mon évaluation je lui dirai que c'est parce que je n'avais pas assez dormi la veille. Ça lui apprendra et je vais vraiment tout faire pour le rater, ce contrôle ! Qu'est-ce qu'elle fait ? Comme si Charlot était plus important que mon évaluation ! La porte ne s'ouvre pas. Je n'ose pas aller voir ni l'appeler. Elle doit être furieuse, mais je lui dirai que c'est à cause de la télé ou alors que c'est à cause d'Andy. Oui, c'est ça ! Que j'ai perdu au chifoumi et que c'était mon gage. C'est bien, ça, un gage… et avec un peu de chance elle le dira à la maîtresse, qui le punira. Voilà !

Ça me rassure et je peux enfin essayer de dormir. Tant pis si elle ne vient pas.

Je me tourne et me retourne dans mon lit, sans réussir à trouver le sommeil. J'aime bien cette expression, « trouver le sommeil », c'est un peu comme trouver un trésor dans une forêt ou de l'or, dans le désert. Moi, c'est le sommeil que je cherche.

J'entends les pas de maman. Elle ouvre doucement la porte et je ferme les yeux. Elle s'approche et s'assied sur mon lit.

« Eulalie. Je sais que tu ne dors pas. Ouvre les yeux, il faut qu'on parle. Maintenant. »

J'obéis. Je suis inquiète. Maman m'appelle toujours Lalie, sauf quand j'ai fait une bêtise. Au son de sa voix, je sais qu'elle m'en veut. Il faut qu'elle comprenne.

« C'était pour jouer. C'est à cause d'An…

– Tais-toi ! Tu aurais pu le tuer ! Tu l'empêchais de respirer, Eulalie. Il aurait pu mourir ! Tu comprends ce que je te dis ? »

Quand maman est en colère, elle parle à toute vitesse et son accent espagnol prend le dessus. D'habitude, ça me fait rire parce que ce n'est jamais contre moi qu'elle crie, mais là, je n'en ai pas du tout envie. Au contraire. Mes joues chauffent et je sens la vague monter de nouveau. Ce n'est pas de ma faute, c'est à cause d'Andy. C'est lui qui a failli tuer Charlot à cause de ses idées à la noix. Il faut qu'elle le comprenne.

« Je ne te poserai la question qu'une fois. Réfléchis bien à ce que tu vas me répondre. Depuis combien de temps est-ce que ça dure ? »

Je ne dis rien. Tout tourne dans ma tête et j'essaie de trouver la meilleure réponse, mais celles qui me viennent ne me semblent vraiment pas coller à la situation. Elle ne me croira pas si j'accuse Andy. Alors, il me reste la télé. Je commence :

« C'est la dernière fois à la télé, dans une émission…

– Quand, à quelle heure, quelle émission ? Fais très attention à ce que tu dis ! Je sais que tu notes scrupuleusement dans le cahier, sur la table basse, le nom de tout ce que tu regardes, alors fais attention, ma petite, j'irai vérifier. »

J'avais oublié. Ça fait partie du pacte de confiance que j'ai avec maman pour ne pas dépasser un certain quota d'heures de télé ; je note tout et je le fais bien parce que tout ce que je regarde est intéressant et je suis fière quand elle montre ce cahier aux rares amis qui passent encore à la maison. Je préfère me taire que d'être prise en flagrant délit de mensonge.

« J'ai regardé ton frère. Ça fait un petit moment que je me demande comment il se fait toutes ces petites marques sur le corps. Depuis combien de temps ça dure ? Il t'adore, il est heureux dès qu'il est avec toi, il te tend les bras et toi, TOI, tu le martyrises !

– Je ne le martyrise pas !

– Et comment tu appelles ça, toi, le fait de le regarder s'étouffer ? Quand je suis entrée dans la chambre tu comptais et tu souriais, Eulalie. Tu souriais ! »

Je ne dis rien.

« À partir d'aujourd'hui je t'interdis d'approcher Charles, tu entends ? Je te l'interdis. Tu ne l'embrasses plus, tu ne le touches plus tant que ton père ne t'a pas parlé.

– Papa ? »

Elle n'a pas pu lui téléphoner ? Je n'ai rien fait ! Ce n'est pas ma faute ! Je me mets à pleurer de rage.

« Tu as appelé papa ?

– C'est ce que je vais faire dès que j'aurai terminé et nous allons régler cela tous les trois. »

Maman quitte ma chambre. Je mets quelques minutes à me calmer et la vague de colère reflue. Je dois réfléchir. Je me demande ce qu'elle va lui dire. Même s'il n'aime pas Charlot, il risque de ne pas comprendre.

Je me lève et sors dans le couloir. Maman est au téléphone. J'en profite et descends les escaliers. J'aurais dû faire attention : le gros tapis absorbe le bruit des pas, c'est comme ça que je me suis laissé surprendre. Qu'est-ce que je peux être bête parfois ! Je me faufile derrière la porte du salon et j'écoute :

« Non, je sais ce que j'ai vu, elle l'étouffait… Je n'exagère pas. Elle aurait pu le tuer ! Je crois, je sens qu'elle le voulait vraiment… Elle ne va pas bien. Tu dois lui parler ! Le plus tôt sera le mieux… Tu peux passer dès demain, quand tu veux. Je ne travaille pas et elle n'ira pas à l'école. »

Quoi ? Et mon évaluation alors ? Je connais ma leçon par cœur ! Je ne vais pas tout louper à cause de ce con de Charlot ! Merde ! Je le déteste ! Je les déteste tous les deux !

Je crie dans ma tête les pires gros mots que je connais, même ceux que seuls les losers de l'école ont l'habitude de dire. J'aimerais qu'ils soient morts tous les deux, les choses seraient beaucoup plus simples. Je remonte avant que maman ne s'aperçoive de ma présence.

9

Mardi 24 septembre.

Cette nuit, j'ai mal dormi. J'ai bien trop peur de ce que maman lui dira. Il faudrait que j'arrive à lui parler avant elle. Si j'y arrive, je sais qu'il me comprendra. Il n'y a que papa qui peut (*non !*) qui puisse me comprendre.

Maman n'est pas venue me réveiller, comme tous les matins. Elle n'a vraiment pas l'intention que j'aille à l'école. Mes copines vont se dire que je suis malade en ne me voyant pas dans le car. Je crois que cette journée sera particulièrement mauvaise.

Je me lève vers 7 h 30 et vais directement m'habiller. Je choisis de mettre ma robe bleu et blanc. Normalement, le mardi, c'est le jour du rouge, mais je sais que papa me trouve jolie dans cette robe. Je me brosse soigneusement les cheveux et me regarde. Je n'ai pas bonne mine, le manque de sommeil est visible sur mon visage et je décide que ce n'est pas une mauvaise chose d'avoir l'air fatigué. Je n'en serai que plus convaincante.

Je descends. Mon petit déjeuner est prêt. Mon bol de chocolat est chaud et mes tartines sont garnies de beurre et de confiture : maman a dû tout préparer pendant que je m'habillais. Je la cherche. Elle est dans le bureau. J'entrouvre la porte et entends :

« N'entre pas ! Tant que ton père ne sera pas là, je refuse que tu sois dans la même pièce que Charles.

– Mais, maman…

– Il n'y a pas de mais ! Lorsque ton père sonnera, tu monteras dans ta chambre et tu n'en descendras que lorsque nous t'appellerons. »

Je suis dégoûtée ! Je ne pourrai pas parler à papa avant elle. Elle a vraiment tout prévu. Je la hais !

Je suis dans ma chambre et j'attends qu'ils m'appellent. Il est arrivé depuis près d'une heure et n'est toujours pas monté m'embrasser. Et si je m'étais trompée ? S'il aimait vraiment Charlot ? Je réfléchis, mais ça ne colle pas. On ne peut pas aimer Charles, seule maman le peut.

J'essaie de m'occuper en rangeant ma chambre. Maman apprécie qu'elle soit en ordre et je sens qu'il vaut mieux que je lui fasse plaisir, aujourd'hui.

On frappe. Papa entre. Il a son air sérieux, celui que je ne lui ai vu que deux ou trois fois. Je baisse la tête pendant qu'il s'assied sur le lit, à côté de moi. Il reste un moment sans parler puis il commence :

« Je ne sais pas ce que je dois penser. Si ta mère s'est trompée, ce que j'espère, tout devrait s'arranger rapidement. Si elle dit vrai… Mon Dieu ! Elle ne peut pas dire vrai… »

Papa retient un sanglot, et c'est trop. Je pleure et pour une fois, je n'ai pas à faire semblant. Il est tellement triste que ça me déchire à l'intérieur. Personne ne devrait souffrir autant. Papa est déjà tellement préoccupé entre le demi-pute et moi… il ne devrait pas l'être pour Charlot. Je décide de l'aider, et avec les larmes qui coulent sur mes joues sans s'arrêter, ça sera bien plus facile que prévu.

« Pa… Pa… je… suis… dé… so… lée. »

J'accentue un tout petit peu mes sanglots, c'est toujours plus impressionnant quand les sanglots nous empêchent de parler. Je renifle.

« Je suis désolée… C'est ma… man…

– Quoi maman ?

– Maman… elle dit que j'ai voulu faire du mal à Charles, que j'ai voulu lui pincer le nez.

– Et ?

– Je lui ai touché le nez et j'ai gratté un peu fort, mais c'est parce qu'il avait des croûtes. Il avait de la morve séchée et ça l'empêchait de respirer, alors j'ai voulu enlever.

– Mais tu comptais, elle m'a dit que tu comptais en lui pinçant le nez.

– Oui, c'est vrai, je comptais les croûtes pour lui dire combien j'en avais enlevé. Je ne savais pas que c'était mal, papa, je te jure, sinon, je ne l'aurais pas fait. »

Je me blottis dans ses bras et il m'accueille en m'embrassant sur la tête. J'en pleure de plus belle. Il continue :

« Je savais que tu étais incapable de faire une telle chose. Oh, ma chérie, je suis désolé d'avoir pu penser que… Je vais parler à maman, je vais lui dire qu'elle a commis une terrible méprise. »

Papa me parle comme à une adulte, il a conscience que je comprends des mots que d'autres enfants de mon âge ignorent. Je sais maintenant que je vais devoir être très prudente avec maman, parce qu'elle sait ce qu'elle a vu… ou plutôt, ce qu'elle a cru voir. Je crois que Charlot (*non !*) Charles, va devenir mon meilleur ami pendant les prochains mois. Je vais devoir faire attention et être irréprochable. Ça, je sais faire…

*

Carmen est soucieuse. Elle ne réussit pas à faire abstraction de la scène de la veille. Julien a beau essayer de trouver toutes les explications possibles, elle sait ce qu'elle a vu : Lalie souriait tout en empêchant son frère de respirer. Ce n'était pas la première fois. Elle repense à tous les soirs où Charles se mettait à pleurer lorsque Lalie montait le voir, et elle comprend enfin pourquoi.

Malgré l'image qu'elle renvoie, sa fille ne supporte pas la situation. Leur séparation et la nouvelle vie de son père ont sur elle des conséquences désastreuses. C'est à eux, parents, de se montrer vigilants. Toute à sa douleur, elle n'a pas remarqué à quel point Lalie est devenue fragile. Il faut qu'elle lui redonne confiance en elle tout en préservant Charles. Ils doivent réussir à trouver un équilibre à trois. En attendant, les enfants ne devront pas être dans la même pièce, sans surveillance.

Julien est parti rejoindre sa pute. Carmen se corrige mentalement : « Elle s'appelle Ségolène. La pute s'appelle Ségolène ». Il faudra qu'elle arrête de dénigrer cette femme devant Lalie. Son ex-mari le lui a reproché. Ce qui importe, ce n'est plus sa peine, mais le bien-être des enfants, et tant qu'elle ne se reprendra pas, les choses ne pourront pas s'améliorer.

Elle va chercher Charles pour leur promenade habituelle. Lalie ne veut pas venir avec eux. Tant pis. Elle profitera de ce moment passé seule pour réfléchir à son acte et aux conséquences qui auraient pu en découler.

*

Lalie fulmine. Elle se sent humiliée par les remarques de sa mère et les doutes de son père. Elle ne met pas vraiment de mots sur ce qu'elle ressent. Elle pense simplement que c'est la vague qui remonte. Parfois, quand elle attend assez longtemps, elle reflue, comme la veille. Mais aujourd'hui, elle va se déverser. Elle en a besoin. Il faut qu'elle noie tout.

Lorsqu'elle se sait enfin seule, elle sort dans le jardin pour aller voir les petits chats. Leur mère est partie, sans doute pour se nourrir chez la voisine, comme elle en a l'habitude.

Elle les observe. Elle doit faire un choix. Lequel est le plus fort ?

Elle attrape le plus gros. Il pousse un petit miaulement et la regarde fixement. Elle sourit. Elle sent la vague monter encore et encore. C'est une sensation étrange, à la fois exaltante et un peu effrayante, car elle ne sait jamais si elle pourra la contrôler ou même, si elle en ressentira l'envie.

Elle caresse le chaton, qui dort maintenant, paisiblement installé sur ses genoux. Elle caresse sa tête d'une main et passe l'autre sous son cou. La vague l'enveloppe… et elle serre de plus en plus fort, jusqu'à ce qu'il ne soit plus qu'une masse immobile. Lorsque l'animal ne bouge plus, elle desserre l'étau de ses mains et le repose.

Elle en prend un deuxième et recommence ; et puis un troisième…

Au bout de quelques minutes, les petites bêtes ne sont plus que des masses inutiles. La vague les a englouties.

Lalie sourit, elle se sent enfin sereine. Elle laisse un petit cadavre en place pour que sa mère le retrouve, met les quatre autres dans un sac qu'elle attache avant de le lancer dans la poubelle qui sera sortie ce soir. C'était plutôt chouette.

Elle remonte dans sa chambre, prend un livre et s'allonge sur le lit. Elle se sent bien. Enfin.

10

Dimanche 29 septembre.

Lalie se réveille d'excellente humeur. Abuelita[1] est arrivée d'Oliva[2] la veille. Ce n'est pas vraiment sa grand-mère, c'est la tante de sa maman. Elle s'appelle Rosario, mais pour elle, c'est Abuelita. Elle a élevé Carmen comme la fille qu'elle n'a jamais eue. Elle rigole tout le temps. Elle parle très mal le français, mais elle chante à Lalie des airs en espagnol qu'elle accompagne à la guitare, qui ne la quitte jamais. C'est Carmen qui lui a demandé de venir pour l'aider à s'occuper des enfants et Abuelita n'a pas hésité une seconde. Elle s'est rendue disponible et elle est arrivée par l'aéroport de Beauvais pour une quinzaine de jours.

1 Mamie.
2 Ville espagnole, proche de Valence.

Lalie est heureuse. Il y aura toujours quelqu'un pour s'occuper d'elle. L'arrivée d'Abuelita a rendu sa mère plus sereine. Lalie se surveille et se montre calme et agréable comme à l'accoutumée. Certes, elle n'est plus autorisée à demeurer seule avec Charlot, mais ça ne la dérange pas, bien au contraire. Elle descend, attirée par l'odeur des crêpes que sa grand-tante est en train de préparer. Il est près de 8 heures.

« Bonjour, Abuelita, maman n'est pas là ?

– *Está durmiendo*[1]. Elle était fatiguée.

– *Vale.* J'adore les crêpes !

– *¡Lo sé!*[2] C'est pour ça que j'en ai fait. »

Lalie prépare son petit déjeuner en discutant dans un mélange de français et d'espagnol. Elle comprend parfaitement la langue, mais a encore du mal à la parler couramment. Elle progresse néanmoins rapidement, car elle a conscience que cet atout la valorise vis-à-vis des autres élèves.

Rosario regarde la fillette verser méticuleusement deux cuillères à café de sucre sur une crêpe encore tiède, la plier avec soin en triangle et en avaler près de la moitié d'un coup. *Cette enfant est un estomac sur pattes*. Lorsque Carmen lui a raconté ce que Lalie avait fait à son petit frère, elle n'a pas hésité une seconde et lui a proposé son aide.

---

1 Elle est en train de dormir.

2 Je sais !

Depuis que Julien a abandonné lâchement sa famille, elle se rend bien compte que sa nièce est dans une passe compliquée. Se retrouver seule avec deux enfants, dont un bébé, ce n'est pas simple. Que Julien minimise le fait que Lalie ait martyrisé Charles depuis des semaines est la preuve qu'il n'est pas l'homme qu'il lui fallait. Rosario le sait et au fond d'elle, elle l'a toujours soupçonné. Elle réfléchit un instant puis secoue la tête.

La situation est préoccupante ; Carmen n'aurait pas pu inventer ou grossir un tel acte. La séparation de ses parents a déclenché la colère de la petite, elle en a l'intime conviction. Lorsque la mère de Carmen – *paix à son âme* – est décédée, c'est elle qui a dû se charger de cette enfant née de père inconnu. Pendant plusieurs années, Carmen a essayé de s'autodétruire. Ce sont les études qui l'ont sauvée. Les études, l'amour de la France et de Julien en particulier. La situation de Lalie est certes différente, mais le sentiment d'abandon est le même. En s'attaquant à son frère, c'est elle-même qu'elle vise. Rosario en est persuadée.

Aujourd'hui, elle va garder le petit Charles pendant que Lalie et sa mère iront au cinéma. La semaine n'a pas été bonne pour la petite, c'est rien de le dire ! Il y a eu la grosse bêtise avec son frère, enfin, c'était bien plus qu'une bêtise, mais Rosario n'arrive pas à y penser autrement. Il y a eu la grosse bêtise donc, l'intervention maladroite de Julien, l'interdiction pour la fillette de se retrouver seule avec Charles et la mort des chatons qu'elle aimait tant regarder. Elle est très affectée.

Lalie continue à s'asseoir de longues minutes près de la haie, à observer la chatte qui semble perdue et refuse de partir.

Vraiment ! Il faut que cette famille reprenne le chemin de la vie. Il en est plus que temps !

*

Vendredi 4 octobre.

C'est le jour de la poésie. Je la connais par cœur et je l'ai récitée à maman et Abuelita hier soir. C'est bien qu'elle soit là, Abuelita. J'ai du temps avec elle ou avec maman sans avoir Charlot dans les pattes, et cette semaine, pour la première fois depuis sa naissance, je ne l'ai pas considéré comme un caillou dans ma chaussure.

J'aime le jour de la récitation parce que j'ai des félicitations. Je parle bien et mets l'intonation qui convient. Mme Cayaux me citait toujours en exemple et j'imagine que Mme Ferrart fera pareil. En général, je m'arrange pour qu'Andy le loser passe immédiatement après moi, comme ça, tout le monde voit la différence et je trouve ça drôle.

Andy n'apprend pas ses leçons. Il le sait pourtant que tout le monde doit passer à l'oral, mais non, pour lui, ça ne change rien. Je le regarde. Il essaie de relire la fable, mais *La Laitière et le Pot au lait* ne se retient pas en cinq minutes ! Je crois que je vais bien rire !

Le vendredi, on commence par les maths, jusqu'à la récréation du matin. Ensuite, c'est le français. Mme Ferrart demande s'il y a des volontaires pour la récitation. Comme personne ne se désigne, je lève la main.

« Lalie, tu veux y aller ?

– Oui, madame, et Andy a dit qu'il passera après moi.

– Eh bien ! Deux volontaires pour commencer, ça ne se refuse pas ! Je t'écoute. »

Je me lève, avance jusqu'à la maîtresse et fais face à la classe. Mes copines me regardent. Maya me fait un clin d'œil en tirant la langue et ça me fait sourire. Je me lance.

Perrette, sur sa tête ayant un Pot au lait
Bien posé sur un coussinet,
Prétendait arriver sans encombre à la ville...

Je récite de mon mieux, en mettant le ton. Je balaye les élèves des yeux pour qu'ils aient l'impression que je m'adresse à chacun d'eux. C'est quelque chose que j'ai appris en regardant une émission à la télé. Un acteur disait que pour ne pas avoir le trac, il ne fixait jamais directement le public. Il regardait le haut de leur tête et ça suffisait pour qu'ils aient l'impression qu'il ne s'adresse qu'à eux. C'est ce que je fais. Comme ils sont assis et moi debout, j'ai les yeux rivés sur leurs cheveux.

À la fin de la fable, ils applaudissent. J'adore ça. Je retourne m'asseoir et murmure à Andy :

« À toi maintenant. Essaie de faire mieux que d'habitude. Remarque, ça ne sera pas très difficile. »

Il se lève. Jade me regarde. Je crois qu'elle a entendu ce que j'ai dit, mais je m'en fiche. Je me concentre sur le loser qui est debout, les yeux fixés sur ses baskets crades. Je souris. Il hésite, bute sur les mots, les cherche aussi. Quelques ricanements fusent, immédiatement stoppés par les regards de la maîtresse.

Au bout de quelques minutes, elle met fin à son supplice en appelant un autre enfant. Lorsqu'il revient à sa place, il cache sa tête dans ses bras. C'est le moment que j'attendais. La mise à mort. Il le sait et c'est ce qui me plaît. Je penche ma tête vers lui et chuchote :

« Franchement, Andy, tu aurais pu faire un effort ! Je pensais que ça t'aurait aidé de passer juste après moi. Il te suffisait d'écouter. Mais pourquoi tu l'as pas apprise cette fable ? C'était pas bien compliqué ! Moi, je l'ai récitée à ma mère hier et elle m'a aidée à l'apprendre. Pourquoi tu ne l'as pas fait ? Mince, c'est vrai que ta mère est toujours bourrée. Dis-moi, elle continue à piquer du vin au magasin ou est-ce qu'elle se le fait payer par tous les mecs qui viennent chez toi quand t'es à l'école ? Je ne vis peut-être pas avec mon père, mais je lui ai récité la fable au téléphone. Mais c'est vrai que moi, contrairement à toi, j'ai un père.

– Lalie ! Tu prends tes affaires et tu te mets à la table juste à côté de mon bureau ! Tu viendras me voir à la sonnerie ! »

Mme Ferrart est à ma gauche. Je ne l'ai pas vue arriver. Il n'y a plus un bruit dans la classe, tout le monde a les yeux fixés sur moi, se demandant ce que j'ai fait.

« Mais, madame…

– Dépêche-toi ou je t'envoie directement voir le directeur. »

Je range mes affaires tandis que l'élève interrogé reprend sa récitation. Jade me regarde en souriant :

« Je t'avais dit que si tu recommençais je le dirais à la maîtresse. C'est moi qui l'ai appelée. Tu étais tellement occupée à embêter Andy que tu ne m'as même pas entendue. »

La poucave[1] ! Cette conne n'a pas à me traiter comme ça. Personne n'en a le droit. Elle va me le

1 Quelqu'un qui dénonce.

payer. Andy aussi, tous les deux. Je serai plus maligne qu'elle, obligée.

Je réfléchis. Je devrais peut-être faire courir un bruit. Oui, une bonne vieille rumeur… Peut-être qu'elle a embrassé ce loser d'Andy. C'est bien, ça… Et qu'il a mis la main quelque part où il n'aurait pas dû et qu'elle n'a rien dit ! Ça me plaît. Il faudra que je fasse attention. C'est la première fois que j'ai quelqu'un de ce niveau dans ma classe, depuis Samuel. Je ne dois surtout pas la sous-estimer.

Malgré moi, je rougis, je n'arrive pas à m'en empêcher. Je n'ai jamais été punie. Cette table, c'est pour les autres, les losers, pas pour moi. Je me sens humiliée (*non !*) je suis humiliée. Je déteste Mme Ferrart. Je la hais !

J'écoute en silence les élèves passer. Enfin, une partie de moi les écoute, mais je ne suis plus là. Je suis avec les chatons. Penser à eux me calme, surtout lorsque je revois (*non*) lorsque je visualise la scène. Je les prends un à un et je serre jusqu'à ce qu'ils ne bougent plus. Ce souvenir m'apaise peu à peu.

La sonnerie de midi. Les élèves quittent la classe un à un. Stéphie me sourit :

« Ça va bien se passer, t'inquiète pas ! Tu nous raconteras à la cantine. »

Je ne réponds pas et la regarde sortir. Je suis concentrée sur l'image que je dois renvoyer. La maîtresse m'a entendue. J'ignore depuis combien de temps elle était là, mais il faut que je trouve une explication convaincante. C'est la faute d'Andy, il faut qu'elle s'en rende compte. Moi, je n'ai rien fait. C'est lui qui n'a pas appris sa leçon, pas moi.

Mme Ferrart s'assoit à son bureau. Je suis debout à côté d'elle.

« Donne-moi ton carnet de liaison.

– Mais pourquoi, madame, je n'ai rien fait !

– Je dois rencontrer tes parents. Tu harcèles un élève de la classe depuis trop longtemps.

– Ce n'est pas du harcèlement, madame, je me suis un peu moquée de lui parce qu'il n'avait pas appris sa fable, mais c'est tout.

– Lui et Jade m'ont raconté ce que tu lui faisais subir depuis l'an dernier. Je vais devoir en parler à tes parents.

– Mes parents sont séparés, madame.

– Je le sais. Je les recevrai donc séparément s'ils le souhaitent, mais il faut qu'ils viennent me rencontrer. Tu sais que la maman d'Andy pourrait porter plainte à la gendarmerie si elle le voulait.

– Mais pourquoi ? Je n'ai rien fait ! »

Des larmes commencent à couler. Je suis inquiète.

« Ce que tu fais, Lalie, s'appelle du harcèlement, et c'est très grave. »

Je lui donne mon carnet. Elle écrit un mot afin que mes parents prennent rendez-vous rapidement.

Je sors de classe, me dirige vers les toilettes, m'enferme dans une cabine et me mets à pleurer de rage pendant de longues minutes. Puis, je m'essuie le visage avec un mouchoir et vais rejoindre les autres au self. Je prends mon plateau et avance vers notre table. Je me fige. Jade est à ma place. Il n'y a qu'une table de 5 et elle est complète. Clémence me voit et bredouille :

« Tu n'étais pas là et Jade s'est assise avec nous… »

Jade me regarde et sourit :

« Il y a un problème ?

– Non, aucun. »

Je me retourne, vais m'asseoir à une table à l'opposé de la leur et pour la première fois de ma vie, je mange seule.

Je sens que les filles me regardent, mais je ne montre rien. Je fixe mon assiette et me concentre sur le steak haché-pâtes-haricots verts que j'avale, bouchée après bouchée. Je sens la vague monter de plus en plus. Leur tour viendra.

Je déjeune rapidement et sors avant même qu'elles n'aient terminé. La vague me submerge et il faut qu'elle explose. Une petite entre dans les toilettes des filles. Je la connais, c'est Antoinette, la petite sœur d'une élève de ma classe. Elle est en CE2. Elle fera l'affaire. Je la suis et attends qu'elle sorte de la cabine. Elle me sourit. Je la fixe froidement :

« Tu sais que les filles ne m'ont pas attendue pour manger ? »

Elle me regarde et ne semble pas comprendre la gravité de ce que je lui dis. Tant pis pour elle. Je la gifle et lui tire les cheveux. Elle se met à crier. Je lui donne des coups de pied pour qu'elle arrête. Elle me pousse et part en courant. Pas grave, ça a suffi à me calmer. Je me sens mieux et c'est le principal.

Je sors à mon tour et me dirige vers le banc des CM2. À peine suis-je assise que M. Van Beck s'approche. Il semble en colère. Je me lève. Il me gronde pour avoir frappé une élève plus petite. Je ne vois pas de quoi il parle. Ah oui, Antoinette ! C'est de sa faute aussi. Quelle idée d'avoir un prénom aussi ridicule !

Je suis punie dans son bureau pendant le reste de la récréation du midi. C'est la première fois aussi que je suis punie et c'est comme l'humiliation, je déteste ça. Je suis assise derrière une table, placée sous une fenêtre. Je vois certains enfants jouer tandis que d'autres me dévisagent. J'aperçois le banc des CM2. Les filles y sont assises. J'observe.

À la sonnerie, je repars en classe avec un billet d'avertissement pour comportement inapproprié, à faire signer par mes parents.

C'est de la faute d'Andy et de Jade tout ça. Ils me le paieront tôt ou tard. J'ai eu deux mots aujourd'hui et je ne sais pas (*non*) j'ignore de quelle façon je pourrai le dire à mes parents. Il faut que je trouve quelque chose pour qu'ils comprennent que ce n'est pas de ma faute, tout ça. Ce soir, chez papa, je verrai bien comment faire. J'y penserai tout à l'heure ou demain.

Mais non ! Pas demain ! Parce que demain, c'est mon anniversaire ! Je vais avoir 10 ans et je pourrai enfin monter à l'avant de la voiture. Ça, c'est chouette ! Et puis on va le fêter deux fois. Demain avec papa et la pute, et dimanche soir avec maman et Abuelita. Je sais que je vais avoir de chouettes cadeaux. Mes amies m'ont prévenue. Deux maisons, c'est deux fois plus de cadeaux et comme chaque parent essaie de faire mieux que l'autre, on est toujours gagnant. J'ai hâte !

11

Samedi 5 octobre.

Julien observe sa fille. Elle ferme les yeux, prend une grande inspiration et souffle les dix bougies qui ornent son gâteau d'anniversaire.

Ségolène s'est surpassée, une fois encore. Elle a voulu préparer elle-même le fraisier que souhaitait Lalie. Laure, arrivée en fin de matinée, l'a aidée pour la décoration, qui n'est pas son point fort, mais le résultat est étonnant. Il embrasse la fillette assise à ses côtés et sent une bouffée d'amour l'envahir.

S'il avait pu contrôler la situation, il n'aurait eu que deux enfants : Lalie et Malo. Charles est un accident, une erreur de parcours qu'il regrettera toute sa vie. Ce n'est pas un enfant difficile ou désagréable, loin de là ! Même Ségo le trouve attachant. Toujours est-il qu'il ne ressent rien pour lui. Absolument rien. Son cœur reste désespérément vide lorsqu'il le regarde ou le prend dans ses bras, ce qu'il ne fait pas plus de deux fois par jour. Comment deux enfants du même âge, ou presque, issus de sa chair, peuvent-ils provoquer des sentiments aussi opposés que l'amour et l'indifférence ? Il n'arrive pas à se l'expliquer.

Il regarde ses fils, assis en face de lui, côte à côte, chacun dans sa chaise haute. Charles a les yeux marron, des cheveux très clairs qui fonceront certainement, comme ceux de Lalie. Chez Malo, ils sont noirs et lui donnent l'allure d'un punk ; surtout lorsque sa mère s'obstine à lui faire une crête, comme aujourd'hui. L'enfant a les yeux rivés sur un morceau de pain qu'il tient entre ses deux doigts, avec délicatesse. À sa gauche, Charles tape sur la tablette de la chaise avec tout le sérieux dont il est capable. Son regard croise celui de son père. Il lui sourit et tend les bras.

« Tu viendras avec nous tout à l'heure, lui dit Lalie, il faut d'abord qu'on mange le gâteau.

– Tu ne veux pas ouvrir ton cadeau d'abord ?

– Oui, papa. Mon cadeau !

– Je vais aller le chercher, tu ne bouges pas.

– Pendant ce temps, je vais changer la couche de Malo, enchaîne Ségolène, il ne sent pas très bon, ce monsieur. Laure, tu montes avec moi ?

– Tu m'excuses, mais les couches sales, c'est pas trop mon truc. Je vais plutôt rester avec les enfants comme ça, cette petite demoiselle et moi pourrons faire un peu mieux connaissance. »

Lalie acquiesce poliment.

Tandis qu'ils quittent la pièce, Laure se lève, prend Charles et va s'asseoir à côté de la fillette. Elle la questionne tout en le chatouillant.

« Alors ! Quel cadeau penses-tu avoir ?

– Je ne sais pas, mais quelque chose de super, obligé.

– Ah oui ? À ce point ? Comment peux-tu être aussi sûre ? » lui dit-elle en souriant.

Lalie lui répond, le visage inexpressif.

« Parce que papa culpabilise. Il faudra donc qu'il compense et la meilleure façon est de me faire un cadeau qui me fasse vraiment plaisir. Quelque chose d'énorme, de cher ou d'original. »

Laure est surprise et choquée par sa réponse.

« Ça a l'air de t'étonner. Je croyais que tu étais psychologue. Je vais t'expliquer : papa a trompé maman avec une femme bien plus jeune que lui. Elles étaient amies, en plus. Il a continué à coucher avec ma mère alors que sa maîtresse était enceinte et a déménagé quand il a su que maman attendait un enfant, elle aussi. Il m'a laissée avec ma mère et mon petit frère pour aller vivre à des kilomètres et maintenant, je ne le vois qu'un week-end sur deux et la moitié des vacances scolaires.

Nous ne sommes jamais seuls, bien sûr, puisque maintenant, je dois le partager avec son autre femme, mon frère et mon demi-frère. Moi, à sa place, j'aurais toutes les raisons du monde de culpabiliser. Tu ne crois pas ? »

Laure est stupéfaite. Le discours de Lalie ne ressemble en rien à celui que pourrait tenir une enfant de 10 ans. Il y a quelque chose qui ne colle pas. Ségolène avait raison, elle doit en avoir le cœur net.

« Mais, tu aimes ta nouvelle vie, non ? Deux maisons, deux petits frères, c'est plutôt sympa, et ma sœur ne ressemble pas aux belles-mères de contes de fées.

– La maîtresse de mon père fait tout ce qu'elle peut, mais je ne l'aime pas. Je pense que je ne l'aimerai jamais. Mais bon, tant pis.

– Tu t'entends ? Tu ne peux pas dire ça, voyons !

– Ah oui ? Pourquoi ? Tu vas le dire à papa ? Il ne te croira pas. Tu vas le dire à ta sœur, peut-être ? Ben en vrai, je m'en fiche un peu. »

La porte s'ouvre. Julien entre en tenant une grosse boîte, suivi par Ségolène. Le visage de Lalie change du tout au tout. Elle s'éclaircit et ressemble de nouveau à une fillette innocente. Elle applaudit :

« Mon cadeau !!! Je peux l'ouvrir maintenant, dis, papa ?

– Alors tu viens par terre parce que je le pose sur le tapis. »

Ségolène remarque la mine défaite de sa sœur. Elle se penche vers elle :

« Hé ! Ça va, toi ? »

Laure chuchote :

« Va falloir qu'on parle. La petite est vraiment bizarre, crois-moi. »

Ce disant, elle regarde Lalie, qui pousse un cri de joie en découvrant dans le carton un basset de 3 mois. Elle le sort délicatement.

« Un chiot ! C'est un chiot ! Regarde, Ségolène, il n'est pas trop mignon ?

– À croquer !

– Toi et moi, on sera les meilleurs amis du monde, tu verras, petit chien.

– Comment vas-tu l'appeler ? s'enquiert Julien.

Lalie réfléchit un long moment puis sourit.

– Perro[1]. Il va s'appeler Perro.

– Mais, "perro" veut dire "chien". Tu ne vas pas l'appeler chien ?

– Non, je vais l'appeler Perro, c'est son nom à présent. »

La petite fille sourit, elle semble heureuse et joue avec son chiot sous les yeux attendris de son père et le regard inquiet de Laure.

---

1 Chien, en espagnol.

Après avoir couché les garçons, les deux sœurs se retrouvent dans le salon, Lalie et Julien étant sortis avec Perro. Laure relate alors à Ségolène la conversation et les propos tenus par la fillette.

« Je t'assure que ce n'était plus la même. Elle était froide, détachée et n'employait pas des mots de son âge. Je crois que vous avez un sérieux problème. Non seulement elle n'a pas accepté la séparation de ses parents, mais en plus, elle t'en tient pour responsable. L'unique responsable.

– Mais c'est totalement faux !

– C'est ce qu'elle croit pourtant. Elle vit avec sa mère et lui est loyale. Les enfants écoutent leurs parents, c'est dans l'ordre des choses. Si sa mère continue à souffrir de la séparation et c'est ce que tu n'arrêtes pas de me dire, alors, elle souffre également. Cette enfant est perturbée. Elle a deux visages. D'un côté se trouve Lalie l'exemplaire, bien trop sage, si parfaite, et de l'autre, l'enfant sans filtre, pleine de rancœurs et de souffrances.

– Qu'est-ce que je peux y faire ? Si elle me croit responsable et me déteste déjà, personne ne pourra la faire changer d'avis !

– Le temps fera sans doute son œuvre. Elle va finir par apprendre à te connaître et arrêter de te considérer comme l'ennemi. Tu pourrais peut-être suggérer à Julien l'idée d'un suivi psychologique. Je te filerai les coordonnées d'une collègue qui est top.

– Ce n'est même pas la peine d'y penser, il ne voudra jamais.

– Honnêtement, ce n'est pas en cinq minutes que je pourrai établir un diagnostic. De plus, je ne m'occupe pas d'enfants et surtout pas de ceux que je suis amenée à côtoyer.

– Il refusera. Tu le connais, il a des idées arrêtées sur les psys.

– Alors je ne pourrai rien faire de plus. J'aime beaucoup Julien, mais seuls Malo et toi faites partie de ma famille.

– Mais en choisissant l'homme, j'ai aussi hérité de ses bagages.

– Je le sais, Ségo, et tu peux compter sur moi. Garde en tête que Lalie a fait du mal à Charles. Ne la laisse pas seule avec Malo. Pas tant que les choses ne seront pas réglées de son côté. »

Après le départ de Laure, Ségolène sent, pour la première fois, le poids de la charge qui lui incombe : elle est, à 24 ans mère d'un enfant de neuf mois, belle-mère d'un autre du même âge ou presque, non désiré, et d'une fillette de 10 ans qui la considère comme une ennemie.

Elle prétexte un mal de tête et va se coucher rapidement, laissant Julien s'occuper des petits pour une fois.

Lorsqu'il raccompagne Lalie et Charles en Picardie, elle s'effondre et pleure durant de longues minutes, évacuant ainsi la tension accumulée depuis la veille.

12

Il a encore fallu que je lui raconte mon weekend en détail. Ça me saoule, mais c'est toujours comme ça. Je l'ai fait pour avoir mon cadeau d'anniversaire et la paix. Ça valait le coup. Maman et Abuelita m'ont offert un ordinateur portable. C'est chouette. Un chien et un ordi, c'est l'avantage d'avoir des parents divorcés.

J'ai dû leur parler de Perro. Maman a fait comme si ce n'était pas quelque chose d'important, mais je sais que ça l'a rendue un peu triste. En vrai (*non*) honnêtement, je m'en fiche. Elle croyait qu'elle aurait été au top avec le portable, mais qui peut rivaliser avec un chien ? O.K., je ne l'aurai pas avec moi tout le temps, mais je le verrai assez souvent.

Je monte me coucher un peu plus tard que d'habitude et maman est avec moi. Elle s'assure comme ça que je n'entre pas dans la chambre de

Charlot et elle me tient compagnie jusqu'à ce que je m'endorme. Alors je fais semblant, ce soir encore, pour qu'elle me laisse tranquille.

Il est 2 heures. J'ai mis mon réveil. Pas celui qui fait beaucoup de bruit, non, mais le discret. Celui de ma montre. Il fait un léger bip-bip largement suffisant. J'écoute. Elle ne l'a pas entendu et doit dormir profondément. C'est ce que je voulais.

Je me lève discrètement et me dirige vers la chambre de Charlot. Je m'arrête au milieu du couloir et attends un instant. Si elle se réveille maintenant, je pourrai lui dire que je vais aux toilettes. Seulement si elle se réveille maintenant. (*Seulement ou uniquement ? Je ne sais plus quel mot est le bon, mais il est trop tard pour que je réfléchisse.*) Je suis fatiguée, mais ce n'est pas grave parce que demain, je n'irai pas à l'école. J'espère.

Si je me débrouille bien, personne ne se souciera ni du mot de Mme Ferrart ni de l'avertissement de M. Van Beck. Je serai tranquille… enfin.

J'entends Abuelita ronfler. Elle, aucune chance qu'elle m'entende (*non*) qu'elle ne m'entende. (*Il faut que je fasse attention à ma façon de penser, merde !*) C'est elle qui le dit : elle dort comme une enclume !

J'ouvre la porte et me dirige vers le lit à barreaux à la lueur de la veilleuse. C'est une petite grenouille qui diffuse une jolie lumière verte. J'aimerais bien avoir une veilleuse grenouille parce que c'est un animal que j'aime bien. J'en ai une chez papa. Elle est plutôt chouette, en tissu, avec une fermeture Éclair pour y mettre un pyjama ou des secrets. Je souris. Penser « chouette » pour parler d'une grenouille, c'est rigolo.

Je l'observe. Il dort sur le dos, les deux mains à hauteur de sa tête, les poings serrés. Il a son pyjama superman. C'est drôle parce que pour moi, aujourd'hui, Charlot, c'est vraiment superman. Il va me sauver.

Je prends le temps de réfléchir. Je ne suis pas hyper-calée, mais je sais que son cou est plus solide que celui des chatons. Je n'aurai pas la force de serrer. Qui est allé le coucher ? Maman ? Non. C'est Abuelita. Elle a déjà oublié par deux fois de déplacer monsieur Rabbit en bas du lit et c'est maman qui s'en est aperçue, le matin. Rien n'était arrivé, heureusement. Mais elle dit toujours qu'il ne faut jamais trop compter sur la chance. Elle a raison. J'attrape le lapin géant. Comment faire ? J'hésite un instant et souris. Je n'irai pas à l'école demain.

Je pose monsieur Rabbit sur la bouche et les bras de Charlot et j'appuie de toutes mes forces avec mon coude gauche. Il ne pourra pas bouger. Je lui bouche les narines de la main droite. Ce soir, nous irons jusqu'à deux cents, et dans ma tête, lentement, je commence à compter.

Un… deux…

*

Lalie mastique la même bouchée de pain-beurre-confiture depuis près d'une minute. Elle est encore en chemise de nuit et traîne pendant qu'Abuelita remet son bol de chocolat à chauffer dans le micro-ondes. Sa mère dort encore. Comme elle commence une heure plus tard le lundi, elle profite de la présence d'Abuelita pour combler le manque de sommeil qu'elle a accumulé. La fillette aimerait qu'elle se réveille. Ce n'est pas qu'elle soit particulièrement inquiète, non, son plan fonctionnera. C'est juste qu'elle est crevée et qu'elle aimerait pouvoir retourner tranquillement dans son lit. Mais comme rien ne bouge, elle retarde le moment d'aller s'habiller. Quand elle se décide à monter, elle l'entend enfin.

Un hurlement.

Lalie sourit.

13

Les volets sont fermés. Pour elle, le temps ne passe plus. Elle n'est qu'une silhouette prostrée sous la couette. Les cernes qui mangent une grande partie de son visage témoignent de ses jours sans sommeil. Les ombres sur les murs sont le reflet de son mal-être. Depuis qu'elle a trouvé le petit corps inanimé, depuis qu'on le lui a arraché des bras, elle manque d'air. Elle se noie dans sa douleur. Rien ne pourra colmater le vide de son cœur, de sa tête et de son corps. C'est une sensation physique. Le manque est physique.

Elle entend beaucoup de choses, elle a conscience que des phrases ont été prononcées, mais n'est pas en mesure de les intégrer. Charles sera enterré aujourd'hui. Chacun de ces mots pris individuellement a un sens, mais ensemble, ils ne marchent pas. Ils ne collent pas. Et tous ces gens qui ressemblent à des pantins ne l'aident pas à comprendre. Ils entrent dans la chambre, la regardent en pleurant, alors, elle leur tourne le dos sans même leur parler.

Les médicaments prescrits par le médecin la laissent dans un état semi-comateux qui lui convient finalement. La seule personne qui arrive un peu à la sortir de sa léthargie est Lalie. Sa fille, souriante, radieuse même en sa présence, lui chante des chansons espagnoles en lui chuchotant des paroles rassurantes :

« Ça va aller, maman. Tout ira comme avant. »

C'est ce qu'il lui faut entendre. Tout redeviendra comme avant. Bientôt.

*

Lundi 14 octobre.

Lalie referme la porte de la chambre. Elle a essayé de faire comprendre à sa mère que sans Charlot, les choses iront bien mieux et qu'elles se retrouveront enfin toutes les deux, comme au départ de son père. Elle espère que ça l'aidera.

Elle est un peu déçue. Elle la savait faible, mais pas autant que ça. Pour être honnête, elle n'avait pas anticipé que la mort de Charles allait causer un tel bazar. C'est vrai quoi ! Il avait à peine huit mois. S'il avait été plus grand, O.K., elle aurait pu comprendre que ses amis ou que ses profs aient du chagrin, mais là, vraiment ? Qui le connaissait à part la famille ? *Même mort, il continue à me faire chier.*

Son père va bientôt arriver et elle n'a pas du tout envie de le regarder faire semblant d'être triste. Tout le monde sait qu'il n'aimait pas Charles. Qu'il ne le prenait jamais dans ses bras, qu'il ne l'embrassait pas. Il n'a jamais fait d'efforts de son vivant, pourquoi en faire à sa mort ? Elle ne comprend pas sa façon d'agir et elle préfère s'isoler.

Abuelita a monté la télé dans la chambre de Lalie « pour lui changer les idées ». Elle l'allume sur Gulli. Comme personne ne fait attention à elle, elle peut enfin regarder ce qu'elle veut. Pas la peine de mettre des émissions éducatives. Et ce qu'elle veut, là, maintenant, c'est rire et oublier l'ambiance pourrie de la maison.

*

Ségolène essuie ses yeux rougis dans un Kleenex qu'elle roule en boule avant de le jeter dans la poubelle. Elle se sent mal à l'aise, pas à sa place et pourtant, elle ne pourrait être ailleurs. Elle aimait cet enfant. Pas comme Malo, certes, mais de son mieux. Elle l'avait accepté, vu grandir, nourri. Elle l'avait tenu dans ses bras puisque

Julien ne voulait pas le faire et avait passé des nuits près de lui, lorsqu'il était chez eux, fiévreux.

Elle le connaissait mieux que la plupart de ceux qui étaient venus assister aux obsèques en la regardant du coin de l'œil, elle, l'intruse, la briseuse de couple. Elle avait baissé la tête devant les regards réprobateurs lancés à la dérobée, mais elle aimait cet enfant. Non, elle l'aime encore.

Pendant la cérémonie, elle s'est assise au fond de l'église, perdue. Qui s'intéresse à la peine de la belle-mère ? Qui pense à la solitude de la briseuse de ménage ?

Voir Julien tenir la main de Lalie et s'effondrer devant le petit cercueil était insoutenable. Ne pas pouvoir être à ses côtés était pire encore. L'après sera difficile. Pour Julien, mais surtout pour Lalie. Malo lui rappellera sans cesse la perte de son autre frère et pour la première fois, elle se demande si elle sera à la hauteur des mois à venir.

Carmen n'a pas quitté la chambre depuis la mort de son fils et Ségolène la comprend. Elle-même ignore qu'elle serait sa réaction à sa place, et à vrai dire, elle ne veut pas l'imaginer.

Après la cérémonie, il y a eu le cimetière puis tout le monde est revenu à la maison de Monduit. Elle ne se sent pas à sa place ici, chez Carmen. Pourtant, la vieille tante a été digne et l'a saluée poliment. Elle a échangé quelques mots avec des voisins en arrivant, mais c'est au-dessus de ses forces. Elle aimerait être ailleurs et laisser libre cours à sa peine.

Elle manque d'air à présent. Il faut qu'elle sorte. Elle se dirige vers la baie vitrée du salon et aperçoit Lalie, seule, sur la balançoire. Elle semble perdue. Comment pourrait-il en être autrement ?

Elle sort, la rejoint au fond du jardin et la pousse doucement. Toutes deux restent silencieuses un long moment avant que la petite ne la questionne :

« Pourquoi sont-ils là ?

– Qui donc ?

– Eux. Tous ces gens. Ils ne connaissaient pas Charles.

– Ils ne sont pas là que pour lui, mais aussi pour tes parents, pour toi.

– Pour moi ?

– Pour alléger un peu ta peine afin que tu te sentes moins seule.

– Et ils pensent que s'ils sont là, je ne serai pas triste ?

– C'est un peu ça, oui.

– Je n'ai pas besoin d'eux.

– Peut-être que tu préférerais être seule et je te comprends, mais c'est important pour tes parents.

– Pourquoi ?

– Ils ont besoin d'être entourés.

– Je ne pense pas. Maman est toujours dans sa chambre, elle ne sort presque pas et papa…

Presque tous ces gens ont arrêté de lui parler quand il est parti.

– Tu sais, la tristesse, ça rapproche. »

Lalie écoute attentivement tout ce que Ségolène lui apprend. Elle s'aperçoit que certains paramètres des relations entre adultes lui échappent. Il faudra qu'elle comprenne.

« C'est pour ça que Mme Solomon est venue ?

– Qui est Mme Solomon ?

– C'est une dame qui habite entre l'école et la maison. Elle regarde les enfants passer tous les jours. Elle nous sourit et nous fait des petits signes. Quand maman vient me chercher à pied, elles discutent parfois. Mais elle n'est jamais venue à la maison avant aujourd'hui.

– Je vois. Alors, oui, c'est sans doute pour ça qu'elle est là. »

Lalie baisse la tête et se tait. Ségolène, elle, continue à la balancer. Elle se sent un peu moins oppressée, plus utile. Elle est une présence familière et rassurante auprès de la fillette et c'est comme ça qu'elle a toujours conçu son rôle de belle-mère. Elle laisse des larmes silencieuses couler sans craindre le regard des autres. Elle est à sa place.

« Ségo ? »

C'est la première fois que Lalie l'appelle par ce diminutif et la jeune femme y est sensible.

« Oui, ma chérie ?

– Tu sais, j'ai eu un mot.

– De quoi parles-tu ?

– Ben, à l'école, avant tout ça, j'ai eu un mot. Y a une fille dans les toilettes, une petite, elle m'embêtait. Elle m'a tiré les cheveux et m'a même donné un coup de pied. Je lui ai demandé d'arrêter, mais comme elle continuait, je me suis défendue et je l'ai poussée. Elle est tombée et elle s'est fait mal. Elle a dit à M. Van Beck que c'est moi qui l'avais tapée. Il l'a crue et il m'a donné un avertissement. »

Lalie pleure à gros sanglots et peine à s'exprimer.

« Tu ne lui as pas expliqué ?

– Si, mais il n'a pas voulu m'écouter parce qu'elle est en CE2 et que je suis plus grande. Mais elle m'a fait mal, alors je l'ai poussée. Et le directeur a dit à Mme Ferrart de prendre un rendez-vous avec maman parce que je suis violente.

– Violente, toi ?

– Oui, c'est ce qu'il a dit. Mais je retourne à l'école demain et mon mot, il n'est pas signé. Je devais le montrer à maman le matin où Charles… Charles… »

Elle ne peut continuer, mais Ségolène comprend : Lalie a attendu la fin de son week-end d'anniversaire avant d'en parler à ses parents, craignant, sans doute, qu'ils ne la croient pas.

Pauvre enfant ! Heureusement qu'elle lui en a parlé. Une fois n'est pas coutume, elle sait comment agir.

« Bon, on ne va pas ennuyer tes parents avec cette histoire, c'est le dernier de leurs soucis. Donne-moi ton carnet et un stylo, je vais te le signer, moi, ton mot. Et demain, j'expliquerai aussi à ta maîtresse que tes parents sont au courant. Ça te va ?

– Tu ferais ça ?

– Mais bien sûr, ma chérie ! J'ai proposé à ton père de te conduire à l'école demain. Il a des choses à faire.

– Oh, merci ! Je suis trop contente ! »

Lalie essuie rapidement ses yeux d'un revers de manche et la gratifie d'un sourire radieux.

« Tu es trop gentille ! »

Et elle file chercher son carnet dans sa chambre, laissant Ségolène surprise de ce changement d'humeur soudain.

Elle revient en sautillant et remonte sur la balançoire pendant que sa belle-mère écrit. Lorsqu'elle a terminé, la jeune femme essaie de préserver ce moment de complicité qui lui permet de ne pas retourner à l'intérieur de la maison.

« Comment vas-tu, ma chérie ?

– Bien.

– Tu peux tout me dire tu sais, me poser toutes les questions que tu veux.

– Je vais bien.

– Et Charles, il ne te manque pas ?

– Non.

– C'est normal qu'il te manque, tu sais, c'était ton frère.

– Il ne me manque pas.

– Ce n'est pas vrai et tu le sais.

– C'est vrai, il ne me manque pas. Il ne savait ni parler ni marcher et il passait son temps à baver et à pleurer. Papa ne l'aimait pas et moi non plus. Il n'y avait que maman pour ça ou toi, qui faisais semblant.

– Tu ne peux pas dire ça, voyons !

– Pourquoi ? Tu m'as dit que je pouvais tout te dire, eh bien voilà, c'est ce que je fais. Les choses iront beaucoup mieux sans Charles. Il était inutile. Maman va enfin pouvoir passer du temps avec moi, maintenant. »

Ségolène est atterrée. La voix de Lalie est froide, dénuée d'émotion.

« Tu ne penses pas ce que tu dis, tu es sous le choc.

– C'est toi qui te trompes. Charles, c'est comme toi ou Malo. Je ne vous aime pas et je ne vous déteste pas. J'en ai juste rien à faire de vous. Me regarde pas comme ça, c'est vrai. Je fais semblant parce que sinon, tout le monde serait triste, mais toi tu n'es rien alors, je peux te le dire. Pourquoi tu me regardes comme ça ? Je sais ! Je suis sûre que tu es en train de te demander comment tu vas pouvoir raconter ça à papa. Fais comme tu veux, il ne te croira pas. »

Encore une fois, elle la gratifie d'un large sourire.

« Merci pour le mot ! Moi, je rentre. »

Lalie est satisfaite. Elle a fait attention à n'utiliser que des phrases simples, de son âge, tout en corrigeant dans sa tête les fautes de grammaire qu'elle était en train de commettre. Elle ne se retourne pas en entrant dans le salon, préférant imaginer la tête de Ségolène. S'il n'y avait pas autant de monde, elle éclaterait de rire, mais ce n'est vraiment pas le moment. Elle avance vers son père et l'enlace tendrement. Il est temps de pleurer.

14

Lalie se sent sereine, soulagée d'un poids. C'est une sensation qu'elle expérimente pour la première fois.

Ça doit être ça, être heureuse.

Ses parents pourront de nouveau se consacrer à elle sans être parasités par Charlot. C'est vrai qu'il y a toujours Malo, mais elle saura s'en accommoder. Il n'est pas si important et puis surtout, elle ne l'a pas tout le temps sur le dos.

La pute a pris rendez-vous avec Mme Ferrart, elle va sans aucun doute lui demander de la laisser un peu tranquille. C'est vrai quoi, c'est pas tous les jours qu'on perd son petit frère ! Et puis comme ça, ses parents pourront passer un peu de temps ensemble, rien que tous les deux. Peut-être même que son père décidera de revenir vivre à la maison, qui sait ? Elle a bien vu qu'ils s'étaient rapprochés depuis que Charlot était mort. Enfin, son père surtout. C'est lui qui montait voir sa mère, lui porter à manger et s'asseoir au bord de son lit pour lui parler. D'ailleurs, il serait temps qu'elle fasse un petit effort celle-là, parce qu'à part pleurer et s'enfermer dans la chambre, elle n'a pas vraiment fait grand-chose depuis plus d'une semaine.

Elle aperçoit Axelle et Maya près du banc des CM2. Au moment où elle s'apprête à courir vers elles, M. Van Beck l'interpelle. Elle baisse la tête en gardant les yeux grands ouverts jusqu'à ce qu'il arrive à proximité. C'est ce qu'il faut faire pour qu'ils deviennent brûlants, rouges et pleins de larmes. Elle renifle doucement.

« Bonjour, Lalie.

– Bonjour, monsieur.

– Je suis heureux que tu sois de retour parmi nous. Si tu te sens triste, si tu veux rentrer à la maison ou seulement discuter, n'hésite pas à passer dans mon bureau. Ma porte est toujours ouverte.

– Merci, monsieur. »

C'est ça, oui... Comme si j'avais envie d'aller voir ta tête de con, pense-t-elle en le regardant, les yeux emplis de larmes.

Il lui pose la main sur l'épaule et retourne au fond de la cour. Elle peut enfin aller voir ses copines.

*

Après avoir conduit Lalie à l'école, Ségolène renonce à rejoindre Julien chez Carmen. Elle pressent qu'ils ont des choses à régler et n'a pas la force de rester en compagnie de la tante Rosario. Julien et elle ont dormi à l'hôtel, à proximité de Monduit et ont préféré confier Malo aux bons soins de Laure.

Elle marche jusqu'aux étangs, à la lisière du village et va s'asseoir sur un banc. Elle a toujours aimé les couleurs de l'automne, et celles des tilleuls, qui oscillent entre le jaune et le marron, ont, d'habitude, un pouvoir rasséréné qui lui fait défaut aujourd'hui. Elle est insensible aux reflets de la nature dans l'eau. Ce n'est pas ce qu'elle est venue chercher, non. Ce qu'il lui faut, c'est un peu de tranquillité. Il n'y a personne ce matin et elle peut, enfin, faire le point sur la situation.

L'échange qu'elle a eu avec Lalie l'a tenue éveillée une partie de la nuit. La froideur, le détachement et la teneur des mots employés par la fillette l'ont perturbée. Elle reconnaît là, le portrait que sa sœur lui avait dressé.

Elle songe à la conversation qu'elle a eue avec Mme Ferrart, la maîtresse de la petite. Les deux femmes ont discuté de longues minutes avant que la sonnerie ne retentisse.

Après lui avoir présenté ses condoléances, l'institutrice se tait. Ségolène enchaîne :

« Je suis heureuse de vous rencontrer enfin... heureuse n'est vraiment pas le terme adéquat... surtout actuellement.

– Je comprends.

– Je sais que la situation est délicate. Je ne suis pas la mère de Lalie. Je ne suis que la compagne de son père, mais je m'occupe d'elle quand elle vient le week-end ou pendant les vacances. Ce que je veux dire c'est que ses parents ne peuvent se rendre disponibles en ce moment, mais... Lalie m'a montré son carnet de liaison et à vrai dire, c'est moi qui l'ai signé. »

L'enseignante acquiesce. La signature du mot n'est certes pas la priorité. Ségolène poursuit :

« Je m'inquiète pour ma belle-fille. Elle me semble, comment dire, perturbée. Enfin, en ce moment c'est normal mais...

– Qu'entendez-vous par "perturbée", exactement ?

– Disons qu'elle semble solitaire, taciturne. Je crains qu'elle n'ait pas beaucoup d'amis à l'école. Les enfants peuvent être si cruels, parfois.

– Oh, ne vous inquiétez pas pour ça. Lalie ne manque pas de camarades, bien au contraire. Elle est loin d'être aussi désœuvrée que vous semblez le croire.

– Vous en êtes certaine ?

– Écoutez… j'ai demandé à rencontrer ses parents à ce sujet, mais j'entends bien que cela soit compliqué avec ce qui s'est passé. Lalie, loin d'être une victime solitaire, a plutôt un tempérament de meneuse.

– Une meneuse ? Lalie ?

– Elle et ses amies aiment, comment dire… Elles aiment s'en prendre aux plus faibles.

– Lalie ?

– Oui, Lalie. Cela peut même aller jusqu'au harcèlement.

– Mon Dieu… À ce point ?

– C'est ce sujet que je voulais aborder avec ses parents. Elle peut se montrer cruelle vis-à-vis des autres enfants, n'hésitant pas à les menacer oralement ou physiquement, allant même jusqu'à les frapper.

– Mais ça ne cadre pas ! J'ai toujours pensé que son attitude était la conséquence d'un mal-être.

– Peut-être, mais ce n'est pas la seule raison.

– J'ai du mal à comprendre. Lorsque je la vois, j'ai l'impression d'être en présence d'une enfant des années 50 ou 60. Elle semble en total décalage avec son époque, qu'il s'agisse de sa façon de parler ou même de s'habiller.

– C'est ce que je pensais, au début tout du moins, mais je faisais erreur.

– Elle me rappelle une ancienne camarade de classe, Marie Fertelle. Elle paraissait, comme Lalie, complètement décalée. Ses vêtements étaient vieillots, elle était... différente, mais ce qui est certain, c'est que même s'il nous arrivait de lui parler, elle n'avait aucun ami parmi nous. Elle était plutôt la risée des autres, je le regrette à présent mais c'est la vérité. Non, vraiment, Lalie n'a pas le profil d'une meneuse.

– Je vous assure que c'est le cas pourtant. C'est une enfant très intelligente, mais j'ai l'impression qu'elle ne sait pas quoi en faire. Elle essaie tant bien que mal de le cacher.

– Je ne vous suis plus.

– Il m'est arrivé de l'observer plus d'une fois en évaluation. Qu'il s'agisse de français, de mathématiques ou de toute autre matière, elle a terminé bien avant les autres.

– Est-ce un problème ?

– Voyez-vous, normalement, lorsqu'un enfant de cet âge a terminé le premier, il le dit à voix haute, il en est fier, même s'il n'a rien à y gagner.

– Je vois très bien, oui.

– Eh bien, pour Lalie, c'est le contraire. Elle profite du temps restant pour parsemer ses copies d'erreurs. Oh, pas énormément, mais juste assez pour n'être qu'une très bonne élève et pas une excellente. C'est la raison pour laquelle j'aurais

voulu avoir l'autorisation de ses parents afin de la faire tester par la psychologue scolaire.

– La faire tester ? Mais dans quel but ?

– J'ai l'impression, je me trompe peut-être, que Lalie est une enfant à haut, voire, très haut potentiel et que, pour une raison que j'ignore, elle ne souhaite pas que nous nous en apercevions. Ce faisant, elle s'ennuie et c'est, je crois, ce qui provoque sa violence physique ou morale vis-à-vis de certains enfants.

– Que puis-je faire ?

– En parler à son père pourrait-être un début.

– Ce n'est pas possible en ce moment. Tout est si difficile ! Il est effondré. Je ne veux pas le tourmenter davantage, mais dès qu'il ira mieux, je le ferai.

– Ne vous inquiétez pas. Je porterai une attention particulière à Lalie durant les prochaines semaines. Le traumatisme qu'elle vient de subir ne sera pas facile à surmonter. Nous serons vigilants.

– Je vous remercie, madame. »

La jeune femme est sonnée. Les mots de Mme Ferrart se bousculent dans sa tête. Laure avait raison. Il y a bien un souci avec la fillette. La mort de Charles ne simplifiera pas la situation. Simplifier ? Comment peut-elle penser ça ! À l'évocation de son prénom, elle ne peut s'empêcher de pleurer. Comme elle l'aimait, cet enfant !

15

Vendredi 29 novembre.

La lumière du réverbère placé face à la maison se fraye un passage entre les lamelles des volets en bois. Elle se dévoile en fines zébrures sur la couverture du lit défait. Carmen dort d'un sommeil agité. À intervalles réguliers, son corps est parcouru de légers soubresauts. Un spasme plus prononcé.

Elle se réveille brusquement. Il lui faut deux ou trois secondes pour recouvrer ses esprits. Elle l'entend. Ce très léger bruit dont l'origine n'est pas dans sa chambre.

Elle se lève, sort et s'arrête au milieu du couloir. Au premier plan résonnent les ronflements de sa tante, d'une intensité proportionnelle à son âge. Lorsqu'ils s'arrêtent un moment, elle perçoit de nouveau ce petit vagissement.

Charles !

Elle se précipite auprès de son lit. Monsieur Rabbit recouvre le visage de son fils et l'empêche de respirer. Elle retire la peluche, la lance sur le sol et prend Charles dans ses bras.

« Oh, mon bébé, ça va aller maintenant, ça va aller. Maman est là… »

Carmen se réveille et attrape, hagarde, son téléphone portable. Il est 2 h 13. Elle se redresse. La pièce se met à tourner. Elle patiente quelques secondes afin que le tourbillon s'arrête et écoute, attentive. Le silence. Elle a pourtant bien entendu quelque chose, mais on dirait maintenant que la maison dort.

Elle se lève et se dirige vers la chambre de Charles. Il doit dormir, lui aussi. Elle s'avance près du lit à barreaux et chancelle. Il n'y est pas. Elle glisse sur le sol et hurle sa douleur.

Le vide l'envahit. Il occupe le moindre interstice de son corps et de ses pensées.

Cette sensation ne dure qu'un instant. Elle est remplacée par une incommensurable tristesse. Elle a le souffle court.

Mourir de chagrin.

Elle comprend cette expression mieux que quiconque. Elle l'expérimente depuis plus d'un mois et aimerait qu'elle se réalise enfin. S'il n'y avait pas Lalie… mais même la présence de sa fille ne lui redonne pas l'envie de vivre.

Elle ferme les paupières et laisse s'évacuer un trop-plein de larmes. Elles irriguent ses yeux brûlants.

*

J'en ai marre ! Elle ne peut pas se taire ? Ça fait trois nuits de suite qu'elle me réveille. Comment je pourrai réussir mon contrôle d'histoire, moi ? (*Non ! Comment pourrai-je ! Merde ! J'ai bien le droit de penser comme je veux, cette nuit. Elle m'a réveillée !*) Je regarde le réveil lumineux posé sur ma table de chevet : 2 h 25. Faut absolument que ça s'arrête.

Vraiment, je ne pensais pas que ça serait si long. Pour les chatons, elle n'avait été ennuyée qu'un jour ou deux et n'en avait plus parlé ensuite, mais là ? Elle rabâche toujours la même chose. Pourtant, si on y pense, Charlot, il n'était pas beaucoup plus vieux que les bébés chats. Je ne comprends plus. Je fais tout pour que maman l'oublie, mais ça ne fonctionne pas. Pourquoi ? Je suis gentille, je m'occupe d'elle, je suis moi ! J'ai même décidé de ne plus cacher mes capacités à l'école. Je termine tous les exercices avant tout le monde. Mme Ferrart est épatée. Elle en a parlé à ses collègues. Je l'observe à la récréation : elle leur montre systématiquement toutes mes copies. Eh ouais !

J'ai refusé de retourner à Bois-Colombes. Maman croit que c'est parce que je préfère rester auprès d'elle (*demeurer serait mieux, je pense*) maman croit que c'est parce que je préfère demeurer auprès d'elle et ça lui fait plaisir, je le sais. En fait, c'est uniquement pour que ce soit papa qui vienne. Et il vient. Chaque samedi, il fait les courses et s'occupe de moi. Il reste même dormir un week-end sur deux sur le canapé du salon ! C'est top !

Parfois, j'ai (*non !*) je dois avouer que j'ai l'impression que quelque chose ne tourne pas rond chez moi. Je n'arrive pas à ressentir les choses comme Maya ou Clémence. En fait, le plus souvent, je ne ressens rien. Absolument rien. Je ne suis jamais heureuse, déçue ou triste. Je ne suis pas vraiment envieuse, parce que, lorsque je veux quelque chose, je me débrouille toujours pour l'avoir. Mais cela ne me rend pas heureuse, jamais. Au mieux, cela me satisfait. Je n'éprouve rien d'autre que de la satisfaction. Est-ce que c'est un problème (*non*) est-ce un problème ?

Merde ! Les mots m'énervent de plus en plus. Les phrases et leurs tournures m'énervent aussi. Elles n'arrêtent pas de me rappeler mes erreurs de pensée. Ah, l'énervement, je connais bien ce sentiment. Je l'éprouve très facilement, la colère. Souvent, elle arrive et m'envahit. Quand je (*non !*) lorsque je suis en forme, j'arrive à me contrôler.

(*Doit-on dire contrôler ou maîtriser ?*) Mais lorsque je suis fatiguée ou que j'en ai marre, je la laisse m'envahir et prendre le dessus. Si maman continue (*persiste ?*) à ne pas s'occuper de moi, je sais qu'elle reviendra, la colère.

Il est plus de 3 heures et je l'entends encore pleurer dans la chambre de Charles. Ce n'est quand même (*non !*) ce n'est tout de même pas de ma faute s'il n'a pas été fichu de tenir jusqu'à deux cents ! Ce n'est pas comme si on ne s'était jamais entraînés avant ! C'est à cause de lui, tout ça.

C'est la raison pour laquelle je pense que si maman ne fait pas d'efforts, il faudra peut-être que ce soit papa qui se charge de moi. Lui au moins, il fait face. Il faut dire qu'il ne l'aimait pas tant que ça, le Charlot. Ça me fait sourire. Non, sérieusement, je commence vraiment à me dire qu'avec sa pute, ils s'occuperaient mieux de moi. Même si je ne l'aime pas, elle, au moins, elle ne boit pas.

Maman croit que je ne l'ai pas remarqué, mais je sais que ce n'est pas de l'eau qu'elle a dans la bouteille de un litre et demi qui est sur sa table de chevet. Elle essaie de le cacher en se lavant les dents cinquante fois par jour, mais ça se voit… et ça se sent surtout. Elle s'en sert pour avaler ses médicaments. Tout le temps, quoi. J'ai regardé sur Internet. Ce sont des somnifères qu'elle prend avec, soi-disant pour l'aider à dormir, mais je crois plutôt qu'ils sont faits pour la laisser dans un état proche du coma. (*On dit état comatif ou comateux ? Je regarderai demain.*) Ces médicaments sont à utiliser avec prudence, mais elle les avale comme si c'étaient des Dragibus.

Abuelita est repartie au début du mois. Elle devait rentrer. Elle m'a serrée fort dans ses bras et m'a dit de l'appeler en cas de problème. C'est ce que je fais presque tous les jours : à chaque fois que maman boit et qu'elle n'est pas en état de s'occuper de moi. Je sais qu'à un moment, elle ne pourra plus se taire et devra alerter papa. Il ne se rend compte (*non !*) il ne s'aperçoit de rien. Il s'imagine que si elle dort à chaque fois qu'il vient pour la journée ou le week-end, c'est qu'elle veut récupérer de la fatigue accumulée pendant la semaine. Je ne dis rien. Jamais. Il y a des indices pourtant, il devrait les voir puisque c'est mon père. Mais non, comme d'habitude, il ne fait ni attention aux signes ni aux bouteilles vides qui s'entassent dans le garage. Peut-être que ça l'arrange de ne rien voir. C'est moins compliqué à gérer.

Je l'entends marcher. Elle s'arrête un instant devant ma chambre et ouvre la porte. Je ferme les yeux et calme ma respiration. J'entends ses pas puis je sens sa main, douce, caressante, sur ma joue. J'aime cette sensation. Elle murmure :

« Je ne sais pas ce que je ferais sans toi. On y arrivera, ma chérie, je te le promets. »

Je sais que c'est faux.

Je continue à faire semblant de dormir…

*

« Réveille-toi, Lalie, il est l'heure. »

J'entrouvre les yeux et me retrouve face aux cernes de ma mère.

« Laisse-moi dormir encore un peu, s'il te plaît.

– Tu vas être en retard.

– J'ai mal dormi. Il y a eu encore du bruit hier, ça m'a réveillée.

– Oh, ma bichette ! Tu dormais pourtant profondément lorsque je suis passée te voir. »

Son haleine empeste l'alcool et il n'est même pas 7 h 30 ! Je détourne la tête et me lève de l'autre côté du lit.

« En plus, aujourd'hui…

– Je sais. Je prendrai le car même si tu es à la maison parce que tu es trop fatiguée pour conduire.

– Merci, ma chérie. Je te promets que bientôt…

– … tu m'emmèneras à l'école. Oui oui. »

Je descends prendre mon petit déjeuner. Ça, au moins, elle arrive encore à le préparer. Je ne prendrai pas le car finalement, j'ai vu avec maman. Je descendrai à l'école à pied. Ça me fera du bien et me permettra de réfléchir sans être obligée de discuter avec les filles. Je devrai partir plus tôt, il faudra que je me dépêche mais ça m'ira.

Mes copines commencent à m'ennuyer. Au début, c'était bien, elles faisaient super attention à moi, mais c'est passé assez rapidement. Je n'ai peut-être pas été triste assez longtemps. J'ai essayé de l'être près de deux semaines, pourtant ! C'est pas mal pour un frère, je pense. Je crois que le vrai problème, c'est qu'elles sont persuadées que je triche aux contrôles et que c'est pour ça que je suis devenue la première de la classe. Elles ne pourront pas comprendre. Ce n'est pas de leur faute. Elles sont bêtes. Peut-être qu'à Bois-Colombes les élèves sont moins connes ? C'est peut-être l'air de la campagne qui les rend comme ça ? Ou bien les pesticides ?

Non ! Si c'était vraiment le cas, je serais comme elles. Beurk ! Ça me fait rire. Il est temps que je m'habille. J'enfile un jean et un sous-pull à col roulé blanc parce qu'il commence à faire vraiment froid dehors. Je cherche mon gilet. Je ne le vois pas.

« Maman ! Tu sais où est mon gilet violet ? Je ne le trouve pas.

– Je ne sais pas. Tu as regardé dans le linge sale ? »

Je me précipite dans la buanderie et vois deux paniers qui débordent. Je fouille frénétiquement dans le premier et le trouve enfoui sous un monticule de linge. Maman arrive.

« Je suis désolée, je n'ai pas eu le temps de m'en occuper, je vais le faire, promis. »

Je chancelle. Tout tourne autour de moi. Mon gilet violet. Il me faut mon gilet violet ! On est vendredi, j'ai besoin du gilet violet. Si je ne l'ai pas, ma journée sera mauvaise. C'est mon gilet violet qu'il me faut. Le violet !!

« Regarde, tu n'as qu'à mettre le rouge, il est propre. »

Elle est conne ou elle le fait exprès ? Le vendredi, c'est le jour du violet ! Je la sens arriver, la vague, je ne peux rien y faire. Elle avance inexorablement et elle va m'envahir, jusqu'à me noyer, et je vais mourir si elle ne s'en va pas. Je me mets à hurler.

« On est vendredi ! Je veux mon gilet violet ! Pas le rouge, le violet ! Le violet ! »

Des larmes de rage commencent à couler le long de mes joues et je ne peux les arrêter. Il faut qu'elle comprenne. Il va arriver quelque chose de mauvais si je n'ai pas mon gilet.

Je suffoque, je manque d'air. J'essaie de reprendre mon souffle, mais je n'y arrive pas.

Maman m'enlace et me tient fort, serrée tout contre elle. Je sens son haleine puante tandis qu'elle essaie de me calmer :

« Là, là, ma chérie. Chut… Calme-toi. Tout ira bien. C'est le chagrin qui remonte et te fait paniquer. C'est normal. »

Quelle idiote ! Voilà maintenant qu'elle fait passer sa connerie sur le dos de Charlot ! Elle continue :

« Regarde, tu sais ce qu'on va faire ? Tu vas mettre ton joli pull mauve, ce sera comme ton gilet violet, tu verras. »

Elle me parle et je n'essaie plus de comprendre le sens de ses paroles. Je ne me concentre que sur la « musique » de ses mots. C'est musical, un accent. Quand on se focalise uniquement sur lui et sur la hauteur de ses sons, j'ai remarqué que ça fait une mélodie qui n'est pas désagréable. Il est beau, son accent. Il glisse bien mieux que la caresse de ses mains sur mes cheveux. J'aimerais les avoir plus longs, mes cheveux… C'est peut-être le moment de la convaincre. Je respire mieux.

« Tu crois, tu crois que je pourrais me laisser pousser les cheveux ?

– Ça te ferait plaisir ?

– J'aime bien les cheveux longs.

– Si tu me promets de mettre ton pull mauve, pourquoi pas.

– Je le mettrai. »

Je me change. J'ai l'impression de ne plus rien maîtriser. Non. C'est elle qui ne maîtrise plus rien. Elle ne mérite plus que je sois avec elle puisqu'elle ne fait pas d'efforts pour moi.

L'absence de mon gilet me pèse. Bien plus que celle des chatons ou de Charlot. C'est une sensation que je n'avais jamais éprouvée jusqu'à aujourd'hui : le manque. Mon gilet me manque et je sens comme un grand vide en moi. J'ai l'impression que tout le monde verra que je suis incomplète. Je n'ai plus envie d'aller à l'école. Je veux rester dans mon lit, toute seule, mais ce n'est pas possible. Tant qu'elle sera là, je ne pourrai pas être tranquille. Elle n'avait qu'une chose à faire : laver mes vêtements et faire en sorte que le bon gilet soit prêt le bon jour, mais même ça, elle l'a raté. Vu tous les habits entassés dans la buanderie, elle n'a pas dû faire une machine depuis au moins quinze jours. Elle n'est plus capable de s'occuper de moi.

J'essaye de penser à toutes les solutions possibles, mais je ne peux pas vivre seule. Pas encore. J'ai besoin d'être entourée d'adultes pendant quelques années encore. C'est peut-être pour ça que la majorité est à 18 ans. Pour moi, disons, 16 ans, ça serait bien, mais pas maintenant. C'est trop tôt.

Mais maman n'est plus capable (*non*) elle n'est plus apte à le faire. Je pense que papa et sa pute s'en sortiront mieux qu'elle : ce ne sera pas très difficile… Oui, ils s'en sortiront bien mieux.

J'enfile ce satané pull mauve. J'ai envie de le déchirer parce qu'il ne me protégera pas. Un pull mauve, ça n'est pas rassurant. C'est à cause d'elle tout ça ! J'avais prévu d'aller à l'école à pied, mais il est trop tard et ça aussi, c'est de sa faute.

16

Caroline Ferrart est préoccupée. La petite Eulalie est bizarre depuis ce matin. Inattentive, rêveuse, les yeux rougis. Cette enfant fait de son mieux pour dissimuler la tristesse causée par la mort de son frère, mais aujourd'hui, le masque est tombé. Lalie va mal. Lorsque la sonnerie de la récréation retentit, l'institutrice la retient à l'intérieur.

« Lalie, qu'est-ce qui se passe ? Ça ne va pas ? »

L'enfant se met à pleurer silencieusement.

« On va parler un instant, tu veux bien ? Assieds-toi. »

Caroline s'installe à côté d'elle et l'interroge :

« Tu es triste ? »

La petite hausse les épaules.

« Tu peux me parler, tu sais, je pourrai peut-être t'aider. Tu es triste à cause de ton frère ?

– Oui.

– Je sais à quel point cela doit être difficile. Charles sera toujours près de toi, dans ton cœur. Tu es une petite fille courageuse et forte. Tu surmonteras cette épreuve. Il te faudra du temps. Beaucoup de temps.

– Et maman ?

– Ta maman aussi. Mais ce sera sans doute plus long. Tu sais, un enfant, c'est le mélange de deux êtres humains. Perdre une partie de soi n'est jamais facile.

– Papa y arrive bien.

– Ton père arrive sans doute à ne pas le montrer. Ta maman a peut-être plus de mal.

– Elle ne s'occupe pas de moi.

– Que veux-tu dire par là ?

– Elle est toujours couchée. Elle prend des médicaments. Elle a une bouteille d'eau à côté de son lit. Elle ne veut pas que j'y touche. Jamais. Même quand j'ai soif. Elle dit que c'est sa bouteille contre le chagrin. Alors, moi, je lui ai dit que si c'était contre le chagrin, ce serait bien que j'en boive moi aussi parce que je suis triste. Elle ne veut pas. Et puis…

– Et puis quoi ? Parle sans crainte.

– Et puis, depuis que Abuelita est partie, ça ne marche plus. Ce matin, j'ai voulu mettre mon gilet violet, eh bien, il n'était pas rangé. Elle ne lave plus le linge.

– Tu manges ? Elle prépare les repas ?

– C'est papa qui fait les courses quand il vient le samedi. Elle lui demande d'acheter des plats à mettre au micro-ondes. Elle dit que c'est parce que c'est facile, mais en fait, c'est parce que ces plats, je peux les faire chauffer toute seule.

– Elle ne fait rien d'autre ?

– Non. Rien. Elle est tout le temps fatiguée. Elle me dit que ça ira mieux, mais ça ne va jamais mieux. C'est toujours pareil, toujours.

– Elle se lève parfois ?

– Le matin. Elle me réveille et prépare mon petit déjeuner. Après, elle va se recoucher. »

Lalie est satisfaite. Elle a fait attention à n'employer que des mots de son âge, des phrases pauvres que Clémence ou Maya auraient pu prononcer.

Caroline est silencieuse. Elle ne peut pas laisser une telle situation perdurer. Cette enfant est pratiquement livrée à elle-même, elle se doit d'agir.

« Lalie, tu sais ce que je vais faire ? Je vais appeler ton papa et lui parler.

– Non, madame, s'il vous plaît !

– Il le faut. Tu n'as que 9 ans.

– 10.

– C'est vrai. Tu n'as que 10 ans et tu ne peux pas endosser une telle responsabilité. Je vais l'appeler.

– Madame, s'il vous plaît. Pas aujourd'hui. Il travaille et ce soir je crois qu'il doit aller voir le docteur pour Malo. Il m'a dit qu'il avait de la fièvre. Il ne faudrait pas qu'il meure lui aussi.

– Mais voyons, ma chérie, un enfant ne meurt pas parce qu'il a de la fièvre.

– Je croyais qu'un enfant ne pouvait pas mourir juste en dormant. »

Tiens, prends ça dans la tronche. Ça te calme direct.

L'enseignante réfléchit un instant avant de continuer.

« Tu sais ce que nous allons faire ? Je n'appellerai pas aujourd'hui. Je ne veux pas t'inquiéter davantage, mais lundi, quoi qu'il arrive, je lui parlerai.

– Oui, madame.

– Allez, va rejoindre tes amies et t'oxygéner un peu. »

Satisfaite, Lalie se lève lentement et se dirige vers la porte. Ce sera donc pour cette nuit.

En rentrant chez elle, toute à ses pensées, Lalie oublie de faire signe à Mme Solomon, qui la regarde passer, tristement. Ce qui l'entoure lui importe peu. Elle occulte tout ce qui ne fait pas partie de son projet. Andy et Jade ne l'intéressent plus. Même ses copines ne trouvent plus grâce à ses yeux. Son objectif, maintenant, est de retrouver une vie normale, et cette vie, elle l'aura auprès de son père et de la pute. Sa mère est définitivement hors jeu depuis ce matin. La graine a été semée auprès de son institutrice et tout ira mieux désormais. Elle le sait.

Lalie arrive chez elle dans une maison silencieuse. Elle lance son sac de cours sur le canapé et monte directement. Elle frappe à la porte de la chambre de sa mère et l'entrouvre doucement.

« Maman, tu dors ?

– Oh ! Tu es déjà rentrée ? J'arrive.

– Non, repose-toi. Je vais m'occuper de mon goûter. »

Elle referme la porte et descend dans la buanderie. Les piles de linge n'ont pas bougé. Son gilet violet gît là, par terre, à l'endroit où elle l'a déposé. Dans le panier de droite, elle distingue la manche du bleu. Celui du lundi. Elle se refuse à vivre une nouvelle fois la détresse ressentie dans la matinée.

Elle retourne à la cuisine et prépare deux tartines de pain-beurre-confiture ainsi qu'un bol de chocolat au lait. 17 h 40. À 18 heures, son père l'appellera comme chaque soir. Tout en mastiquant, elle réfléchit à ce qu'elle lui dira et surtout, à la bonne façon de le dire.

17

Samedi 30 novembre.

La lumière du réverbère placé face à la maison se fraye un passage entre les lamelles des volets en bois. Elle se dévoile en fines zébrures sur la couverture du lit défait. Carmen dort. À intervalles réguliers, son corps est parcouru de légers soubresauts, comme toujours.

Elle se réveille brusquement. La douleur l'assaille. Ce n'est pas un rêve. Encore une nuit hachée. Elle en a l'habitude. Elle se sert un verre, prend deux somnifères et avale le tout d'une seule traite.

L'eau de vie de prune, contenue dans la bouteille, lui brûle la gorge mais c'est ce qu'elle a trouvé de mieux pour s'assoupir un peu. Il faut vraiment qu'elle arrive à dormir quelques heures de plus. Elle arrêtera l'alcool et les calmants demain ou après-demain maximum. Oui, lundi. Elle a promis à Lalie de faire un effort. Sa fille a besoin d'une mère. Elle commencera par les lessives. Ça lui prendra une bonne partie de la journée. Peut-être pourra-t-elle faire des crêpes ? Lalie aime les crêpes.

Son esprit s'embrouille. Elle regarde son téléphone : 2 h 27. Il faut qu'elle dorme.

Soudain, elle l'entend. Un léger bruit. Comme un murmure.

Elle se lève, sort et s'arrête au milieu du couloir.

Ce murmure, toujours.

Il y a de la lumière dans la chambre de Charles. La lueur de sa veilleuse est visible par la porte entrouverte. Elle s'avance, la pousse et s'arrête subitement. Lalie lui tourne le dos. Elle observe monsieur Rabbit, allongé dans le lit, à la place occupée jadis par son frère. D'une main, elle lui appuie sur le nez et de l'autre, sur la bouche. Et elle compte… Elle compte !

« Cent vingt-trois, cent vingt-quatre, cent vingt-cinq… bonjour, maman, cent vingt-six, cent vingt-sept… »

Carmen tombe. Noir.

*

« Maman, maman, réveille-toi ! Qu'est-ce qu'il y a ? Maman, s'il te plaît ! »

Carmen soulève péniblement ses paupières. Où est-elle ? Sur le tapis. Dans la chambre de Charles.

« Qu'est-ce que je fais ici ?

– Je ne sais pas, je dormais et j'ai entendu un grand bruit. Ça m'a réveillée et je t'ai vue par terre. »

Carmen essaie de se souvenir. Son rêve. Monsieur Rabbit. Lalie. Encore un de ses cauchemars. Sa tête la fait terriblement souffrir. Ses yeux peinent à rester ouverts.

« Ma tête… Aide-moi à me lever, s'il te plaît.

– Il faudrait peut-être appeler le docteur.

– Non, ça va aller. Aide-moi juste à regagner ma chambre. »

Lalie la soutient de son mieux et l'amène jusqu'à son lit. Carmen s'assied. Lalie se blottit contre elle.

« J'ai eu tellement peur, maman.

– Je sais. Pardon, ma chérie. Tout ira mieux demain quand je n'aurai plus mal à la tête.

– Je vais te donner un Doliprane, d'accord ?

– Je vais le faire.

– Non, maman, je vais y aller. Tu es tombée, tu dois te reposer.

– Tu as raison, ma chérie, merci. »

Carmen s'allonge et distingue Lalie attraper une boîte de médicaments sur sa table de chevet. Elle ferme les yeux. Elle a envie de dormir et se rappelle avoir déjà avalé deux somnifères un peu plus tôt. Ils font enfin effet. Il ne faudrait peut-être pas qu'elle en prenne un autre tout de suite. Elle doit le lui dire…

Lalie ouvre le placard de la cuisine et en sort un verre et une soucoupe. Elle les dispose sur la table, s'assied et observe le contenu de la boîte. Il y a deux plaquettes de comprimés. La première n'a pas été entamée et il en reste cinq sur la seconde. Elle hésite. Combien en faut-il au juste ? Elle commence par en prendre deux, qu'elle écrase dans l'assiette. Ça fait vraiment peu.

Après quelques secondes de réflexion, elle se décide à tout mettre. De toute façon, ça n'aura aucune importance.

Elle transvase la poudre ainsi obtenue dans le verre, y ajoute de l'eau et mélange le tout avec une petite cuillère.

Dans l'escalier, elle s'arrête d'un coup. Et si elle faisait une erreur ? Peut-être que les choses reviendront d'elles-mêmes à la normale ?

Non, elle ira jusqu'au bout. Il le faut.

Elle entre dans la chambre. Sa mère s'est assoupie. Elle lui secoue doucement l'épaule.

« Tiens, maman, j'ai écrasé le Doliprane dans l'eau. Je me suis dit que ça serait plus facile à avaler comme ça. Par contre, je ne sais pas si ça sera très bon.

– Ça ira très bien comme ça. Retourne te coucher, il est tard.

– Non, maman, j'attends que tu aies tout bu. C'est moi qui t'ai trouvée par terre, alors, je suis ton infirmière.

– J'ai beaucoup de chance de t'avoir. Je t'aime, ma chérie. »

Lalie sourit et lui tend le verre.

« Moi aussi j'ai beaucoup de chance, mamounette. Bois. »

Carmen prend une gorgée et grimace. Comme c'est amer !

Lalie lui tient le verre afin qu'il ne se renverse pas.

« Tu dois tout boire, tu n'auras plus mal à la tête après. Promis. »

Elle a raison. *Parfois, je me demande qui de nous deux est la mère de l'autre.* Carmen boit le médicament et s'allonge, épuisée. Tout ira mieux demain.

*

Ségolène tire sur la manche du pyjama coincé sous un amas de linge mouillé. Il aurait dû être lavé à 30 °C, pas à 40 ! Elle l'a répété au moins une dizaine de fois et, comme d'habitude, Julien l'a oublié ! Il ne trie jamais les vêtements. C'est désespérant.

Elle souffle et étend la grenouillère sur le fil de la buanderie. Elle n'est pas abîmée. Cela peut sembler étrange, mais elle a l'impression que Malo l'aime tout particulièrement. Elle a une petite collerette toute douce avec des papillons en relief qu'il aime triturer dans tous les sens.

Ségolène regarde sa montre : 9 h 20. Malo, qui s'est réveillé aux aurores, vient à peine de se rendormir, tandis que Julien est encore dans les bras de Morphée. Il ne lui reste qu'un peu plus d'une heure de tranquillité avant que la maison ne s'éveille. Peut-être aura-t-elle le temps d'aller courir, finalement. Depuis la mort de Charles, elle a l'impression d'être à l'extérieur du monde qui l'entoure. C'est difficile à expliquer pour celui qui ne l'expérimente pas, mais c'est un peu comme si elle se regardait vivre à travers le prisme d'un écran de télévision. Seul Malo réussit à l'ancrer dans la réalité. Elle ne sait rien de la façon dont il perçoit effectivement l'absence de son frère. Elle aime à penser qu'il lui manque.

Julien, lui, est rongé par la culpabilité. Il passe tous ses week-ends en Picardie et partira tout à l'heure après le déjeuner. Elle le comprend même si son absence lui pèse de plus en plus. Comme souvent, ses pensées la ramènent à la douleur des belles-mères. Ces femmes qui accueillent des enfants qui ne sont pas les leurs, qui les élèvent en partie, qui les aiment, souvent, mais qui n'ont ni le droit de le montrer ni celui de se mêler de leur éducation. Ces femmes ne peuvent que subir le manque si d'aventure, le couple se sépare. Pas de droit de garde ou de visites pour elles, non. Absolument rien. On leur refuse le droit de trop les aimer, tout comme on lui refuse celui d'exprimer sa douleur depuis la mort de Charles. Seule Laure l'écoute et la comprend. À la maison, elle se doit d'être un roc. Le pilier sur lequel Julien peut s'appuyer. Elle ne peut pas s'effondrer.

Alors qu'elle s'apprête à étendre le reste des vêtements, la sonnerie du téléphone retentit. *Maman, combien de fois dois-je te répéter de ne pas appeler aussi tôt le week-end ? C'est pas vrai !*

Ségolène l'attrape avant la quatrième sonnerie.

« Oui ?

– …

– Allô ?

– Ségolène, c'est moi.

– Lalie ? Qu'est-ce qui se passe ?

– Est-ce que je pourrais parler à papa, s'il te plaît ? Il ne répond pas sur son portable.

– Il dort, choupette. Tu veux qu'il te rappelle ? Il y a un problème ?

– C'est maman. Elle devait m'emmener à la piscine ce matin, mais elle dort. Je n'arrive pas à la réveiller.

– Comment ça tu n'y arrives pas ? Tu l'as appelée ? »

Lalie éclate en sanglots.

« J'arrête pas de la secouer. Je lui parle, mais elle ne répond pas. Elle ne bouge pas non plus. C'est comme Charles ! C'est comme Charles !… »

Ségolène doit la calmer et agir au plus vite.

« Lalie, écoute-moi. Je vais appeler papa, O.K. ? Mais tu vas devoir être courageuse et m'écouter. D'accord ?

– D'a… d'accord.

– Je crois que ta maman est malade. Il faut chercher de l'aide. Tu appelles avec le téléphone de la maison ?

– C'est le portable de maman.

– C'est bien. Tu vas sortir et aller sonner chez tes voisins.

– M. et Mme Pichon ?

– Oui, c'est ça. »

Ce disant, Perro sur ses talons, Ségolène monte quatre à quatre les marches qui mènent à sa chambre, secoue Julien et met le haut-parleur. En reconnaissant la voix de Lalie, il se redresse immédiatement. Ségolène poursuit :

« Tu es dehors ?

– Oui. Ça y est.

– Va sonner chez eux et explique-leur tout ce que tu viens de me dire. Je passe le téléphone à ton papa. »

En deux phrases, elle explique la situation à Julien tandis qu'ils entendent, en arrière-plan, la fillette parler aux voisins. Julien crie :

« Lalie ! Lalie ! Passe-moi M. Pichon ! »

Pendant que les deux hommes échangent, Ségolène se rend dans la chambre de Malo, qui s'est réveillé et pleure. Elle est prise de tremblements qu'elle n'arrive pas à contrôler. C'est un cauchemar. Elle essaie de calmer son fils en marchant de long en large dans la pièce, en vain.

Lorsque Julien la rejoint, une dizaine de minutes plus tard, il est livide et chancelle. Il la regarde et murmure :

« C'est Carmen. »

18

Dimanche 22 décembre.

Je n'aime pas ma vie. Les choses ne fonctionnent pas toujours comme je l'imagine et je déteste ça. Normalement, tout aurait dû aller mieux sans maman et ce n'est pas le cas. Pourtant, je le croyais vraiment. C'est vrai, à part rester dans son lit à boire, elle ne faisait rien de ses journées. Elle en était arrivée à pourrir les miennes. Mais ça n'a pas fonctionné. Pas du tout. Je me sens vide à l'intérieur, comme si quelque chose n'était pas à sa place. Je pense qu'elle me manque. Oui, ça doit être ça le manque, comme pour mon gilet violet.

Chaque matin, quand je me réveille, je crois qu'elle m'attend dans la cuisine, qu'elle a préparé mon petit déjeuner. Ma chambre ici est la même que celle que j'avais à Monduit, alors, je me dis que j'y suis encore. Je me lève, j'ouvre la porte, je réalise où je suis et je me sens bizarre.

Hier, j'ai pleuré sans l'avoir voulu. Je regardais des photos d'avant, des photos de nous trois. Lorsque j'étais petite, quand tout était parfait. J'ai senti mes larmes couler, couler. Elles ne s'arrêtaient pas. Mais j'étais seule, heureusement. Et si je m'étais trompée ? Est-ce qu'on a plus besoin d'une mère ou d'un père ? Je n'ai pas la réponse. J'aurais dû me renseigner avant.

Je n'ai plus envie de faire l'effort d'être exemplaire et, pour le moment, tout le monde me laisse tranquille. Je me fous de la couleur de mes gilets, je ne me corrige même plus dans ma tête. Tout me fatigue. J'ai entendu Ségolène dire à papa qu'il me faudra du temps, beaucoup de temps. Elle a peut-être raison.

Depuis que je vis à Bois-Colombes, je trouve qu'elle n'est plus si désagréable que ça. Lorsqu'il est absent, elle s'arrange pour ne pas être loin, des fois que j'ai besoin d'aide. J'aime qu'elle ne me colle pas et elle l'a compris, je crois. En tout cas, j'ai l'impression qu'elle est beaucoup plus forte que papa. C'est elle qui s'occupe de tout parce que lui, il n'est pas encore redevenu comme avant. Il fait semblant : semblant de sourire, semblant d'avoir de l'entrain, semblant de rire, même. Mais ses yeux restent tristes. Je ne sais pas si c'est à cause de Charles ou de maman. Peut-être les deux. Moi, je n'arrive pas à avoir du chagrin pour Charlot parce qu'en vrai, il l'avait bien cherché à pleurnicher tout le temps, mais maman, c'était peut-être un peu trop. Ou un peu trop tôt. Je n'ai pas réussi à me détacher assez d'elle. C'est ça. C'est bien plus simple de ne plus voir les gens qu'on n'aime pas, alors, il faudra que papa reste avec moi. Les autres, je m'en fiche. Enfin, pas de tous. Pas d'Abuelita.

Lorsqu'elle a appris la mort de maman, elle est venue dès le lendemain, mais elle avait changé. Pourtant, ça ne faisait pas si longtemps qu'elle était partie. Elle a vieilli d'un coup et en la regardant, c'est difficile à expliquer, mais... c'est comme si elle était morte elle aussi.

À l'enterrement de maman, il y avait encore plus de monde que pour Charles. Ségolène m'a dit que les gens étaient venus pour moi, pour me soutenir, mais moi, j'en avais rien à faire, d'eux. J'avais envie d'être seule et que personne ne me parle, alors, je suis restée dans ma chambre. Je ne suis pas allée à l'église ni au cimetière. Je n'en avais pas envie. C'est Ségo qui est restée avec moi et j'ai pu lui poser toutes les questions que j'avais. Je lui ai dit que je ne croyais pas Abuelita quand elle affirmait que les morts montaient au ciel, dans un endroit qui s'appelait « le paradis ». Non, ça, c'est des histoires pour rassurer les enfants, comme le père Noël ou les cloches de

Pâques. Quand on est mort, on va dans un trou. Maman, c'est comme Charlot, elle va pourrir et nourrir les vers. Ségolène n'a rien répondu lorsque je lui ai expliqué tout ça, en caressant Perro.

Quelques jours après l'enterrement, j'ai quitté ma maison, mes amis et Monduit. Je suis allée vivre à Bois-Colombes. Je n'ai été ni triste ni heureuse. Je m'en foutais déjà. J'ai obtenu de papa de ne pas retourner à l'école tout de suite. Il a engagé une femme pour me garder. Tous les deux travaillant et Malo étant à la crèche, il ne veut pas que je sois seule la journée. Mais il a été clair : je rejoindrai ma nouvelle classe après les vacances de Noël.

Finalement, j'aime bien la maison de Bois-Colombes. Elle est plus grande que celle de Monduit, sauf pour le jardin. Ici, il est plus petit. L'intérieur est chaleureux. Il y a du parquet et des tapis dans toutes les pièces. Il y a même un grand sapin dans le salon. J'ai entendu Ségolène dire à papa qu'après tous les malheurs que nous avons eus, nous avions tous besoin d'un vrai Noël. Papa a fait semblant d'être d'accord, une fois de plus. Je ne sais pas s'il est juste faible, s'il fait semblant de l'être ou s'il s'en fiche. J'aimerais qu'il s'en fiche. Tout comme moi. Enfin, pas vraiment. Je me demande ce que j'aurai comme cadeaux.

*

Julien verse précautionneusement un sachet de pièces à dominante verte sur un cadre de bois et les scrute avec attention. Faire des puzzles lui permet depuis toujours de se vider l'esprit, et aujourd'hui, comme ces derniers jours, il en a terriblement besoin.

Il observe le modèle sur la boîte : les jardins de Versailles. Il essaie ensuite de déterminer la provenance du morceau qu'il tient entre ses mains, même si leur tremblement l'empêche de se concentrer.

Il ne maîtrise plus rien, alors, comme souvent, il s'arrête, s'assoit dans son fauteuil et pleure silencieusement. Sa vie n'est qu'une suite de mauvaises décisions et d'actes plus lâches les uns que les autres. *Un raté. Je suis la définition vivante d'un raté. J'ai gâché mon mariage, je n'ai pas essayé d'aimer mon fils, j'ai été incapable de sauver sa mère, je n'ai pas réussi à protéger Lalie et si je ne me reprends pas, je vais perdre Ségolène et Malo.*

La succession de ses échecs lui saute au visage. Il est sur une corde lisse, prêt à se laisser choir. La semaine dernière, en allant à la Défense pour effectuer, à contrecœur, quelques achats, il s'est senti attiré, aspiré par les rails alors que la rame arrivait. Au bord de la voie, il s'est vu glisser avant de regagner un soupçon d'énergie. *J'ai vécu comme un lâche, je ne mourrai pas comme tel*. Il ne pouvait pas infliger une si lourde épreuve à Lalie. Pas maintenant. Pas de cette façon. Sa fille n'avait plus que lui et s'il ne méritait plus de vivre, elle, avait droit à un père.

Il sèche ses larmes d'un revers de manche et repose la pièce de puzzle. Elle attendra. Le cadeau de Lalie arrivera le 24 au matin. Au lieu de s'épancher, il ferait mieux de trouver un moyen de le camoufler jusqu'au lendemain. Il se lève.

*

Le matin de Noël, la famille est réunie autour du sapin. Laure est arrivée la veille, pour le réveillon et a dormi dans la chambre de Malo. La bonne humeur, feinte au début, a trouvé un rythme doux, décent, qui convient à tous. Les chants de Noël, en sourdine, contribuent à la sérénité du moment. Ségolène a fait une décoration soignée. Elle a, depuis plusieurs semaines, passé son temps libre à confectionner des couronnes de feuillages, des petits anges à accrocher et tout un panel de décorations de Noël. Elle a choisi des papiers cadeaux colorés qu'elle a rehaussés de nœuds en tissu et placés au pied de l'arbre. L'ensemble est très réussi et insuffle à la maison une atmosphère chaleureuse. C'est déjà ça.

Lalie, elle, est heureuse. Ses amies avaient raison : les adultes essaient de compenser le chagrin par des cadeaux les plus dispendieux possible et le sien est fou. Elle se demandait ce qui pouvait se cacher sous l'immense paquet recouvert d'un drap, qui était contre le mur. Elle le sait aujourd'hui : c'est un piano droit, en bois. Il est magnifique et son père a engagé un professeur qui viendra, une fois par semaine, le mercredi après-midi, lui donner un cours particulier.

Après avoir mangé un énième sablé, préparé le matin même avec Laure et Ségolène, la fillette commence à chanter.

Campana sobre campana,
Y sobre campana una,
Asómate a la ventana,
Verás al Niño en la cuna...

Le moment d'étonnement passé, Julien continue avec elle à voix basse.

¿A dónde vas pastorcillo?
Voy a llevar al portal
Requesón, manteca y vino.

Belén, campanas de Belén,
Que los ángeles tocan
¿Qué nueva me traéis?[1]

---

1 Chant de Noël connu dans tous les pays hispanophones.

Ils s'arrêtent à la fin du refrain. Julien a les yeux brillants. Laure rompt le silence :

« C'est beau. Qu'est-ce que c'est ?

– C'est un air que maman m'a appris. On le chantait tout le temps à Noël.

– C'est un chant traditionnel espagnol qui parle de cloches et de nativité. C'est de circonstance, explique Julien.

– Tu crois que maman et Charles sont au ciel ? »

Ségolène scrute Lalie, stupéfaite, pendant que son père lui répond.

« Qu'en penses-tu ?

– Je ne sais pas. J'espère qu'ils sont au paradis, comme ça, ils ont pu entendre ma chanson et voir que tout va bien même s'ils ne sont plus là, hein, papa ? »

Lalie regarde son père avec des yeux pleins d'espoir. Il lui sourit tristement.

« Oui, ma chérie, je suis sûr qu'ils ont pu t'entendre.

– Alors, je suis heureuse. »

Elle se lève et va se blottir tout contre lui. Ségolène regarde sa sœur et articule silencieusement : « Elle ment », avant d'aller s'enfermer dans la cuisine. Elle essuie quelques verres en pestant. Laure la rejoint et lui pose une main sur l'épaule :

« Ne t'en fais pas.

– Ne pas m'en faire ? Mais, tu l'as entendue toi aussi ? Cette enfant manipule son père ! Elle en fait ce qu'elle veut. Elle ne pense pas un traître mot de ce qu'elle dit.

– Je crois qu'elle est fragile et qu'elle ne sait plus où elle en est. Ces dernières semaines ont été extrêmement difficiles et je ne sais pas moi-même de quelle façon j'aurais réagi si j'avais vécu les mêmes choses.

– Parce que tu as des réactions normales, alors qu'elle... »

Elle inspire profondément et reprend :

« Je pensais... J'ai cru que j'avais enfin réussi à ce qu'elle m'accepte, maintenant qu'elle vit avec nous. Elle vient me parler spontanément, elle est naturelle et j'avais l'impression que nous étions arrivées à créer un lien. Mais là ? Elle vient de dire exactement le contraire de ce qu'elle m'avait confié.

– Elle est perturbée, Ségo, elle a perdu les personnes dont elle était le plus proche. Ce chant espagnol, cette déclaration qui t'étonne, c'est sans doute la façon qu'elle a trouvé de leur être loyale. Elle n'a que 10 ans, bon sang ! Tu ne peux pas lui plaquer des motivations d'adultes.

– Tu te laisses berner toi aussi, mais je sais ce que je vis au quotidien avec elle. C'est une dissimulatrice.

– Ma chérie, je ne te suis pas sur ce chemin et tu ferais mieux de faire demi-tour. Ce n'est pas Lucifer, c'est une enfant qui a perdu sa mère et son petit frère en l'espace de quelques semaines et qui doit maintenant vivre avec la femme qui a brisé son équilibre familial. Peut-être qu'elle considère que tu es la raison de la séparation de ses parents, peut-être même qu'elle te tient, peu ou prou, responsable du suicide de sa mère. Mais se transformer en ange de la vengeance uniquement pour te faire du mal ? Ça ne tient pas debout. Elle s'appelle Eulalie, il me semble, pas Chucky[1].

– Parfois, au vu de ses réactions, je me le demande. »

Laure rigole et embrasse sa sœur.

« Ce qu'il lui faut c'est une stabilité de vie, de l'attention, de l'amour et un vrai soutien psychologique. Tu peux agir sur les trois premiers points. Pour le dernier, tu auras besoin de l'accord de son père.

– Il ne voudra jamais. Tu sais bien que pour lui, tous les psys sont des charlatans.

– C'est un tort. Lalie n'est pas armée pour faire face à la situation sans aide extérieure.

– Je lui en parlerai.

– Il le faut. »

Elles sont interrompues par l'arrivée de la fillette, qui débarrasse la table. Laure lui caresse les cheveux avant de regagner le salon. Après

1 Personnage de film maléfique qui a pris la forme d'une poupée.

avoir rangé les assiettes à dessert dans le lave-vaisselle, Lalie s'approche de sa belle-mère et l'enlace.

« Tu m'en veux ?

– Pourquoi t'en voudrais-je, voyons ?

– Ben, d'avoir parlé de maman. »

Ségolène s'accroupit et la regarde dans les yeux. Ces quelques semaines l'ont fait grandir bien trop vite. Laure a raison : aucun enfant ne devrait subir de tels drames.

« Écoute, ma belle, je ne te reprocherai jamais de parler de ta maman tout comme je n'essaierai jamais de la remplacer, je ne le pourrais pas. J'aimerais être pour toi quelque chose entre une amie proche et un membre de la famille.

– Comme une tante ?

– C'est ça. Une tante. Ça te va ?

– Oui, c'est bien.

– Et tu pourras parler de ta maman et de Charles aussi souvent que tu le veux. »

Lalie est satisfaite. Finalement, les choses ne sont peut-être pas si terribles. Elle a perdu sa mère, Charlot et les chatons, mais elle a gagné une tante, un piano et un chien. Ça vaut le coup. Bien sûr, il y a toujours Malo, mais ce n'est pas un souci. Il est même plutôt drôle quand il veut.

Ségolène prend Lalie dans ses bras. Comment a-t-elle pu croire que cette enfant était autre chose qu'une petite malmenée par la vie ? Elle s'en veut. Elle la serre plus fort contre elle sans s'apercevoir que Julien l'observe. Il porte Malo, Laure est derrière lui. Tous deux regardent la scène, attendris.

Lorsque Lalie le voit, elle sourit :

« Ségolène n'est pas fâchée que je parle de maman. Elle sera comme ma tata. C'est bien ça, hein, papa ? »

Ému, il ne répond rien et s'approche. Laure sourit :

« Si ma sœur est ta tante, alors moi, qu'est-ce que je suis ?

– Ben… une demi-tata ? »

Ils éclatent d'un rire sincère. Le premier de la journée.

19

Lundi 6 janvier.

Lalie ajuste le col de son chemisier blanc et attache le premier bouton de son gilet bleu marine, assorti à sa jupe. Elle a mis ses chaussures vernies, celles qui ont une boucle argentée. Ségolène lui a proposé d'aller faire les boutiques afin de trouver des tenues plus adaptées à l'école, mais elle a refusé. Ses vêtements sont un cocon et les couleurs la rassurent. Elles ne bougent ni ne changent jamais, contrairement aux gens. Les jeans et autres tops, elle les laisse aux filles qui n'ont aucune personnalité. Celles qui participent à tous les challenges Tik Tok plus stupides les uns que les autres. Axelle et Stéphie sont accros, contrairement à Clémence ; il faut dire qu'elle n'a pas de portable, elle. Axelle lui envoie des défis à faire sur Snap ou Insta. *Il faudrait vraiment que je sois débile pour me filmer dans des situations difficiles.* Son père lui a interdit d'avoir un compte Facebook avant l'âge légal, c'est-à-dire 13 ans ! Mais qui a un compte Facebook au XXIe siècle ? C'est vraiment un truc pour mères de famille qui se photographient en compagnie de leurs animaux domestiques ou de faux jeunes qui postent des photos de leurs plats miteux. Alors, bien sûr, elle le lui a promis, en se jurant silencieusement de ne jamais aller sur ce site de bolos[1].

Lalie se regarde dans le miroir. Tout est parfait. Ses cheveux ont bien poussé, elle ne les a pas coupés depuis le mois de septembre. Ségolène a donc pu lui faire une raie au milieu et deux nattes, de part et d'autre de son visage. Elle est heureuse. Lorsque Jade, la nouvelle, était arrivée à Monduit, elle l'avait enviée, elle et ses cheveux longs. Auréolée de l'attrait de la nouveauté et de la compassion, vecteurs de popularité, elle s'était rapidement fait une place dans la classe.

Moi, je n'ai pas perdu mon père, mais j'ai perdu mon petit frère et ma mère, c'est beaucoup mieux.

Lalie est certaine que toute l'attention de l'école de Bois-Colombes sera focalisée sur elle pendant les quinze prochains jours, au minimum. Elle

1 Nuls.

profitera de cet avantage certain pour se faire remarquer. Il lui suffira de ne plus dissimuler ses capacités. Ça marchera à tous les coups. En plus, ça mettra directement au pas la tête de classe. Elle ne sera pas une suiveuse.

Elle attrape son cartable. Son père a pris soin d'y mettre tous les cahiers de Monduit. Avant d'intégrer sa classe, ils seront reçus tous les deux par la directrice. C'est elle qui la présentera aux CM2 et à sa nouvelle institutrice : Mme Kaplan.

Lalie répète son regard : il faut qu'il soit triste, mais pas larmoyant. C'est bon. Elle maîtrise. Elle lisse sa jupe et descend rejoindre son père. Sa nouvelle vie commence vraiment.

« Prête ?

– Je crois. Je n'ai pas vraiment envie d'y aller.

– L'école te plaira, tu verras.

– Si tu le dis. »

Ils partent à pied, main dans la main. Julien se laisse guider par sa fille. Cela fait une semaine qu'ils repèrent le trajet. Dès ce soir, Lalie rentrera seule et le restera près de quarante-cinq minutes, avant qu'ils ne rentrent du travail. Elle n'hésite plus et traverse lorsque le feu le leur permet. Elle tourne à gauche et déjà, le bâtiment se profile au bout de la rue. Elle serre un peu plus la main de son père.

« Ne t'inquiète pas, tout ira bien. »

Devant l'immense grille rouge de l'école, il échange un instant avec l'enseignant chargé de faire entrer les élèves. Lalie observe. Pas la moindre trace d'herbe ou de vert, pas de coin à billes ni de préau. Où vont les enfants quand il pleut ? La cour de récréation de Monduit, si chaleureuse, lui manquerait presque. Ici, des tracés de jeux sont peints à même le sol : marelle, jeu de l'oie, échiquier… Là, de gros cubes multicolores disposés autour de la cour font office de bancs. Certains élèves s'y assoient, tandis que d'autres, des garçons surtout, les escaladent.

La directrice étant absente, ils doivent se rendre directement dans la classe où les attend l'institutrice. Lalie s'accroche à la main de son père et avance, sous l'œil curieux de quelques enfants.

Mme Kaplan a une cinquantaine d'années, les cheveux blonds et des yeux bleus, très clairs, presque transparents. On dirait Galadriel, dans *Le Seigneur des anneaux*. Lalie avait eu le droit de regarder uniquement le premier film de la série, car sa mère le trouvait bien trop violent. Elle se souvient pourtant de cet elfe aux cheveux longs et au regard mystérieux. Mme Kaplan lui ressemble.

L'institutrice les invite à s'asseoir et lui adresse la parole. Sa voix ne colle pas avec son apparence : trop aiguë, trop métallique, en un mot, désagréable.

« Tu es donc Eulalie. Je sais que tu as vécu des événements très difficiles et que tu n'as pas choisi de venir dans cette école, mais je suis certaine que tu t'y plairas et que tu auras bientôt des tas d'amis. »

Lalie se tient droite, les mains posées sur ses cuisses et la tête baissée, en position d'écoute.

« Je te présenterai à tes camarades d'ici quelques minutes, lorsque la classe commencera, mais avant tout, il faut que je sache ce que tu souhaites que je leur dise. »

La fillette lève la tête et fronce les sourcils.

« Veux-tu que je leur apprenne la raison de ta venue ou préfères-tu que je ne leur en parle pas ? »

C'est donc comme ça que ça fonctionne ? Lalie réfléchit. Ne rien dire ce serait être au niveau de n'importe quel nouvel élève, mais en les mettant au courant, elle aurait un avantage certain. Si Jade a eu un tel ascendant sur les CM2 de Monduit, c'est uniquement parce qu'elle avait perdu son père. Elle n'hésite pas, contrairement à ce que son attitude pourrait laisser croire et répond, d'une toute petite voix, en regardant son père.

« Peut-être que… je me dis que s'ils sont au courant, ils ne me poseront pas de questions. Parce que dans ce cas, je serais obligée de répondre et je… je… »

Ses yeux se remplissent de larmes. Julien l'enlace et la rassure doucement. Mme Kaplan toussote et enchaîne :

« C'est donc ce que nous ferons. Je te propose d'aller attendre à côté du bureau de la directrice avec ton père. Lorsque j'aurai parlé à la classe, j'enverrai un élève te chercher, ça te va ?

– Ce sera très bien, répond Julien.

– Excusez-moi…

– Oui, Eulalie ?

– J'aimerais rester dans la classe.

– Vraiment ?

– Je n'ai pas envie que tout le monde me regarde et c'est ce qui se passera si j'arrive après les autres.

– Tu es sûre ? Ça ne sera pas simple pour toi.

– Il n'y a pas grand-chose de simple en ce moment, hein, papa ? »

Il l'embrasse, les yeux brillants.

« Eh bien, tu resteras avec nous, répond l'institutrice en se levant, imitée par Julien. Soyez assuré que nous ferons tout pour que Eulalie se sente rapidement à l'aise, ici.

– Je n'en doute pas. Encore une chose : depuis sa naissance, nous avons l'habitude de l'appeler Lalie. Eulalie était le prénom de sa grand-mère maternelle, mais il n'est pas des plus actuels. Dans sa précédente école, ça n'avait pas posé de problème.

– Et ça n'en posera pas ici non plus. Bien, Lalie, je vais te montrer ta place et j'irai chercher tes camarades ; ça vient de sonner. »

Julien se lève et prend congé après avoir tendrement embrassé sa fille.

Lalie s'installe à sa table et entreprend de ranger son matériel dans son casier. Ce faisant, elle pense à la meilleure façon d'aborder sa journée. Elle se calera sur Jade et se fera discrète. Elle ne répondra que lorsqu'elle sera interrogée en donnant systématiquement la bonne réponse. Elle y mettra un point d'honneur. Il faut que les autres élèves la placent tout de suite dans le bon clan : celui des meneurs et des excellents élèves. Elle sait que sa tenue vestimentaire est décalée et qu'elle tranchera avec celle des moutons. Ce sera sa touche d'originalité.

Les élèves entrent en la dévisageant. Lalie garde la tête baissée, les yeux fixés sur la peinture grise de sa table tout en ayant une conscience aiguë de l'attention qu'elle suscite. Elle se nourrit de la curiosité des autres.

20

La première semaine se passe plutôt bien. L'école est sympa, les élèves aussi. Ils sont gentils avec moi et font tout pour que je m'y sente bien.

Quand (*non !*) lorsque je rentre, je prends mon goûter et je joue avec Perro jusqu'à l'arrivée de papa ou de Ségolène. Après je monte faire mes devoirs. Même si je les fais vite, je préfère m'isoler au moins une heure. Je supporte de moins en moins la pute (*non !*) Ségolène, avec sa manie de manger équilibré et à heures fixes. Tout est réglé ici. Jusqu'aux menus. Du 1er novembre au 15 mars, c'est la saison des soupes. Pas moyen d'avoir autre chose le soir : bouillon de poulet, soupe de légumes, velouté de machin… Du liquide, rien que du liquide. Lorsque je ne venais qu'un week-end sur deux, elle faisait un effort, mais maintenant, pas moyen. Elle a dit que j'avais besoin de repères… N'importe quoi ! Comme si la soupe en était un !?

Et puis il y a Malo. La plupart du temps, il est transparent, mais parfois, il se met à hurler de longues minutes sans raison, comme Charlot. À croire que les bébés ne savent faire que ça. À moins que ce ne soit spécifique aux garçons. Je n'aurai jamais d'enfants, c'est certain.

Malo pleure maintenant. Il a une voix perçante, aiguë et je le déteste pour ça. Non. Je ne le déteste pas. Je m'en fous de lui en vrai, mais il dérange Perro. Il n'arrive pas à dormir et s'agite dans ma chambre. Il tourne comme un fou : c'est un chien qui n'aime pas le bruit.

Papa est sorti faire des courses et Ségolène est dans le garage, elle étend du linge. Je me dirige vers l'origine des cris, suivie du chiot, et m'arrête à la porte. Avant, il y avait deux lits, côte à côte. Maintenant, la chambre me semble bien plus grande, plus vide aussi. Je m'approche de Malo. Je n'aime pas ce nom. Il me fait penser aux yaourts que je mangeais lorsque nous allions en vacances à Concarneau avec papa et maman. J'aimerais le mettre en apnée, mais je m'interdis de le faire. Pas à lui, pas maintenant, pas dans cette maison.

Je le regarde pleurer un instant. D'abord, je trouve ça drôle. Voir de grosses larmes couler sur ses joues me plaît. « C'est satisfaisant », comme dirait Axelle. Oui, c'est satisfaisant.

J'avance près de son lit. Perro me suit en hésitant. Il n'a pas le droit d'entrer dans la chambre. Ségolène dit qu'il sème des poils partout et qu'elle est obligée de passer l'aspirateur bien plus souvent à cause de lui. Malo ne s'arrête pas. De toute façon, elle n'aime ni les chiens ni les chats. À part les humains, rien ne lui plaît.

Au bout d'un moment, les cris commencent quand même à me saouler. Je m'approche encore. Il s'arrête et me regarde comme si j'allais le prendre avec moi ! Il faut qu'il comprenne que, même s'il ne me dérange pas, je ne l'aime pas pour autant. Alors, je lui souris et lui dis :

« Toi, tu as intérêt à te calmer vite fait sinon je te jure que tu finiras comme Charlot.

– Qu'est-ce que tu as dit ? »

Merde ! Ségolène ! Je sens que mes joues chauffent. Je dois certainement rougir. J'essaie de me reprendre, mais elle est là, tout près et répète, menaçante :

« Qu'as-tu dit ?

– J'ai dit qu'il fallait qu'il se calme, parce qu'il me faisait penser à Charlot. C'est vrai, Charles, il pleurait tout le temps, alors, quand Malo crie, ça me fait penser à lui. Il me manque… mon frère me manque… »

J'arrive pas à faire venir les larmes et je vois qu'elle ne me croit pas. Elle a tout entendu. Elle continue :

« Ne me mens pas, Lalie. Je sais ce que j'ai entendu. Je t'interdis de dire des choses aussi atroces. C'est clair ?

– …

– Est-ce que c'est clair ? »

Elle a haussé le ton. Pour qui elle se prend ? Pour ma mère ? Mais elle n'est rien pour moi ! Rien que la pute à cause de qui tout est arrivé. Si elle n'avait pas été là, papa ne nous aurait pas quittées. Y aurait pas eu de Charles ou de Malo, non. J'aurais été tranquille. C'est de sa faute, tout ça.

« Réponds-moi quand je te parle.

– Sinon quoi ? Tu vas le dire à papa ? Il ne te croira pas. Surtout si je lui dis que tu ne m'aimes pas, parce que tu ne veux pas que je vive avec vous. Que tu ne veux pas que je compare Malo à Charles parce qu'il est mort. Oui, c'est très clair de mon côté. Tu sais comment ma mère t'appelait ? Non ? La pute. Oui, la pute. Parce qu'il n'y a qu'une pute qui peut voler le mari d'une autre. »

Ségolène prend Malo dans ses bras et me regarde comme si elle ne m'avait jamais vue. Je lui souris avant de sortir de la pièce.

Je me demande si elle comprend que je ne l'aime pas. Je ne sais pas ce qui se voit sur mon visage. Je suis calme et je le resterai. Mais elle, il faut qu'elle fasse un effort si elle veut rester dans le coup. Parce que, O.K., j'ai besoin d'elle pour le moment. Mais pour le moment seulement.

Dans ma chambre, j'ouvre le placard et observe mes vêtements. Je dois reconnaître qu'elle fait bien les choses : tout est rangé selon les couleurs. Elle est p't'être pas si (*non !*) elle n'est peut-être pas si conne après tout.

*

Ségolène patiente dans la salle d'attente de son médecin. Elle vient de discuter avec Laure durant plus d'une heure. Sa sœur est convaincue que Lalie devrait avoir un suivi psychologique et elle est de son avis. L'échange qu'elle a eu avec la fillette l'a glacée et l'espace d'un instant elle l'a imaginée s'en prendre à Malo. Non, c'est tout bonnement impossible. Jamais une enfant ne pourrait faire une telle chose, fût-elle fragile.

Elle se sent complètement dépassée et pour la première fois, elle se demande si elle sera capable de tout assumer : son travail, Lalie, Malo, Julien et les morts. Tous ces morts. Elle repense à Charles. Carmen était persuadée que Lalie le tyrannisait. Et si la fillette s'était vraiment amusée à l'empêcher de respirer ? Vu le jeune âge du bambin, aucune recherche approfondie n'avait été faite : mort subite du nourrisson. C'était relativement courant.

Un affreux pressentiment l'étreint. La cause du décès de Charles était peut-être autre. Elle repense aux mots prononcés par sa belle-fille le jour des obsèques : « Il ne me manque pas… il passait son temps à baver et à pleurer. Papa ne l'aimait pas et moi non plus. Il n'y avait que maman pour ça… Les choses iront beaucoup mieux sans Charles. Il était inutile. »

Ségolène est atterrée. *Non, non, ça ne peut pas être ça.*

Elle ressort du cabinet après s'être longuement épanchée, avec une prescription pour un tranquillisant et une recommandation. Après les différents deuils subis, il est vital que Lalie soit vue par un spécialiste. Laure avait raison. Une enfant de cet âge n'est pas apte à faire la part des choses et, si elle agit parfois comme si elle était responsable de la mort de Charles, c'est très certainement parce qu'elle s'en sent responsable. En effet, quel enfant n'a pas souhaité, à un moment ou à un autre, être fils ou fille unique ? Si elle a désiré cela, Lalie doit être, d'une part, rongée par la culpabilité et, d'autre part, extrêmement fragilisée. Ségolène ne devrait pas se sentir personnellement visée par l'agressivité de sa belle-fille. En effet, Lalie ne pouvant pas, psychologiquement, supporter le poids de sa culpabilité supposée, elle trouve en Ségolène, un exutoire.

Le docteur Cohen et Laure ont raison sur un point : Lalie doit être vue par un spécialiste, mais il sera difficile de convaincre Julien. Il est incapable de prendre la moindre décision constructive en ce moment.

Ségolène est déterminée : il est hors de question que Malo et sa sœur se retrouvent seuls, ne serait-ce que cinq minutes, et ce, tant que les problèmes psychologiques de Lalie n'auront pas été réglés.

21

« C'est hors de question ! »

Julien serre les poings et fait les cent pas dans le salon.

« Moins fort, tu vas réveiller les enfants.

– Je parlerai moins fort quand je le déciderai ! Lalie n'est pas folle.

– Mais ce n'est pas ce que j'ai dit, voyons. Le docteur Cohen est d'accord avec moi, il faut qu'elle soit suivie par un spécialiste, pour elle.

– Qui t'a permis de parler de ma fille avec un étranger ?

– C'est notre médecin de famille.

– Ce n'est pas ta fille !

– Je ne risque pas de l'oublier ! Sa mère est morte, je te rappelle, quelques semaines après son petit frère…

– Ne parle pas de lui… »

Sa voix se brise. Ségolène se radoucit.

« Mon chéri, je ne peux qu'essayer d'imaginer à quel point c'est difficile pour toi. Toi seul peux quantifier ta douleur. Je t'entends pleurer lorsque tu te crois seul. Je sais que tu n'as pas réussi à dormir une nuit complète depuis la mort de Charles. Pense à Lalie. Elle a perdu les personnes dont elle était le plus proche, elle n'a plus aucun repère, et elle n'a que 10 ans. Comment peut-elle gérer tout ça ?

– Je refuse de continuer cette discussion. Ma réponse est non ! »

Ségolène pâlit et c'est d'une voix glaçante qu'elle lui répond :

« Bien. Puisqu'on en arrive là, je ne veux plus qu'elle se retrouve seule avec Malo. Tu entends ? Je t'interdis de la laisser seule avec lui tant qu'elle n'aura pas un suivi psychologique.

– Tu es complètement folle !

– Bien sûr, c'est moi qui suis folle. Toujours est-il que si je m'aperçois que tu ne fais pas ce que je te demande, je prendrai Malo et je partirai.

– C'est n'importe quoi !

– Je suis sérieuse, Julien. Ce n'est pas une menace, c'est une promesse. En attendant, ce soir, je dormirai avec mon fils. »

Ségolène sort de la pièce, laissant Julien abasourdi.

*

Lalie referme la porte de sa chambre et saute sur son lit, heureuse. Son père a pris sa défense. Elle savait qu'il l'aimait bien plus qu'eux, elle en a eu la preuve. Comme ça fait du bien ! Maintenant, la pute devra se tenir à carreau. Elle menace de partir ? Eh bien qu'elle parte ! S'il faut la pousser discrètement en direction de la porte, pas de souci.

Lalie sourit. Une idée est en train de germer peu à peu.

Lorsque la maison est endormie, elle sort de son lit et descend dans la cuisine, suivie par Perro. Elle trouve rapidement ce qu'elle est venue chercher : le grand couteau en céramique. Elle le sort de son étui, retourne dans sa chambre et le cache au fond de son coffre à jouets, à l'intérieur d'une peluche grenouille qui lui servait de porte-pyjama lorsqu'elle était plus petite.

Elle s'allonge ensuite sous la couette et s'endort, le chien tout contre ses pieds.

*

Lalie avance dans la nuit. Pas un bruit. La lune diffuse une douce lumière qui éclaire le tapis. Elle s'arrête devant la fenêtre du couloir et observe l'astre, le sourire aux lèvres. Elle serre un oreiller contre elle, comme s'il s'agissait d'un trésor.

Elle ouvre la porte et avance près du lit à barreaux. L'enfant dort. Elle le regarde un instant et lui caresse les cheveux. Malo bouge dans son sommeil avant d'ouvrir un œil :

« C'est moi, mon ange, tout va bien. Tu vas dormir, maintenant. »

Lalie pose l'oreiller sur le visage de son frère et appuie, le plus fort possible…

Ségolène se réveille en sursaut. Elle est en sueur. Elle se lève précipitamment du lit de camp et pousse un soupir de soulagement. Malo dort paisiblement.

Cette histoire va me rendre folle.

Elle s'assoit au bord du lit. Pour la première fois, elle envisage sérieusement de quitter Julien. L'amour qu'elle éprouve n'est pas remis en question, mais elle n'a plus la force de faire face, seule. Chaque soirée est une épreuve. Julien est comme anesthésié. Il ne prend pas bien conscience de la situation.

Nous allons droit dans le mur. Je dois penser avant tout à mon fils, le protéger, puisque son père est incapable de le faire. J'ai encore été trop gentille, ce soir, mais je tiendrai bon. S'il ne fait pas suivre Lalie, je partirai.

*

Mercredi 15 janvier.

Lalie ouvre un œil. La lumière du jour lui fait cligner les paupières. Elle se frotte les yeux puis regarde son réveil : 9 h 24. Elle n'a pas envie de sortir du lit. Elle sait qu'il fera froid aujourd'hui et qu'elle devra rester à l'intérieur. C'est une des choses qui lui manquent ici.

À Monduit, même par -5, les enfants jouaient dehors. Tous les copains du quartier se réunissaient dans la forêt pour faire des chasses au trésor ou du vélo. Ensuite, à tour de rôle, ils allaient chez l'un ou chez l'autre pour prendre un bol de chocolat chaud. Ici, c'est différent. Chacun reste chez soi. Il n'y a pas de vie de quartier. Tout doit être anticipé, réfléchi. Elle souffle à l'idée d'être enfermée toute la journée en compagnie de la pute et de son fils. La seule bonne nouvelle est qu'elle aura son premier cours de piano en début d'après-midi. Ça, c'est plutôt chouette.

La voyant éveillée, Perro remue la queue et lui lèche la main. Elle le caresse distraitement tout en étant attentive à son environnement. Elle perçoit de la musique. La pute est en train de faire ses étirements. Le mercredi, elle et son père ne travaillent pas. Ils vont courir à tour de rôle. Son père doit y être en ce moment puisqu'elle est rentrée. D'ici peu, elle ira prendre sa douche. Lalie aura donc plus de temps pour agir.

Avant chaque footing, la pute met des vêtements de rechange dans la salle de bains, ce qui lui évite de repasser par la chambre avant d'aller se doucher. Elle est réglée comme une pendule, tout comme Perro. Ce chien est propre, mais il a, comme son père aime à le dire, une petite vessie. Dès qu'il est debout, il doit sortir rapidement, sinon, il urine n'importe où.

Lalie sort dans le couloir, aussitôt suivie par l'animal. Elle ouvre doucement la porte de la chambre des adultes et enferme le chien dans le dressing de sa belle-mère.

Vas-y, mon petit, amuse-toi.

Elle repart silencieusement puis descend en criant :

« Ségo ! Papa ! Je suis réveillée. Vous êtes où ?

– Dans le salon ! Ton père est allé courir.

– O.K. Je mets Perro dans le jardin et je viens te voir ! »

Lalie se rend dans la cuisine, ouvre et referme la porte qui mène à l'arrière puis va voir sa belle-mère. Elle l'embrasse.

« Je l'ai mis dehors, mais je ne vais pas le laisser longtemps. Il fait trop froid.

– C'est un chien, tu sais, il va pouvoir tenir.

– Mais il est si petit. Je ne voudrais pas qu'il soit malade. Il risquerait de mourir. Je serais trop triste. »

Elle baisse la tête. Ségolène lui sourit.

« Tu as raison. Rentre-le dès que possible, il ne faut pas qu'il prenne froid.

– Merci ! »

Lalie l'embrasse et court à la cuisine. Elle ouvre et referme la porte, monte libérer le chien et descend, Perro sur ses talons.

22

Samedi 25 janvier.

12 h 20. Ségolène, attablée à l'intérieur d'un café de la place de la Contrescarpe, commande un verre de vin blanc. Sa sœur et elle ont l'habitude de s'y retrouver régulièrement pour déjeuner, et aujourd'hui, elle en a vraiment besoin.

Elles ne se sont pas revues depuis Noël et ces dernières semaines ont été particulièrement éprouvantes. La jeune femme semble avoir vieilli de quinze ans. Elle a perdu du poids et ses traits, jadis avenants, sont devenus tristes et éteints. Ses cheveux lui tombent en grande partie sur le visage.

Laure, qui l'observe depuis quelques instants, peine à la reconnaître. Elle s'avance.

« Coucou, toi. Qu'est-ce qui t'arrive ? »

Ségolène se lève et l'étreint de toutes ses forces. Elle pose sa tête contre son épaule et respire fortement. Sa sœur lui caresse les cheveux et le dos durant de longues minutes, en silence. Puis Laure la questionne :

« Ségo, réponds-moi. Qu'est-ce qui se passe ? »

Les deux femmes s'assoient et passent une nouvelle commande. Après avoir retrouvé son self-control, Ségolène se confie :

« Je ne sais plus quoi faire. Cette enfant est un monstre.

– De qui parles-tu ? De Lalie ?

– Elle est pire que tout ce que tu peux imaginer. Tu ne voudras pas me croire, je le sais, mais elle fait de ma vie un enfer.

– Comment ça ? Ce n'est qu'une enfant !

– Je te parle d'une dissimulatrice, d'une menteuse foncièrement méchante. J'ai besoin d'aide, Laure. Si tu n'es pas avec moi, je ne saurai plus sur qui compter.

– Je suis toujours avec toi, ma chérie, mais si tu ne m'expliques pas ce qui se passe, je ne pourrai pas t'aider. Raconte-moi tout. »

Ségolène prend le temps de se calmer afin de trouver les bons mots, puis commence :

« Depuis que tu es venue, à Noël, les choses ont dégénéré. Ça a commencé par des menaces à l'encontre de Malo. Je l'ai surprise alors qu'elle lui disait qu'il lui arriverait la même chose qu'à

Charles ! Tu imagines ? Bien sûr, Julien ne m'a pas crue, mais j'ai fait ce qu'il fallait pour protéger mon fils. Je lui ai interdit d'être seule avec lui. Ça a été le début des tensions.

– Tu as bien fait.

– Je pensais que la situation s'apaiserait, mais non, bien au contraire.

– Comment ça ?

– Dès qu'elle le peut, elle s'arrange pour que le chien fasse ses besoins dans la maison et si possible, dans mes affaires.

– Comment peut-elle faire ça ? C'est un chien !

– Elle le fait. De plus, maintenant, elle mouille son lit.

– Qui ? Lalie ?

– Oui, Lalie. Elle fait pipi au lit presque tous les jours.

– Mais c'est très certainement à cause du stress, de la tension qu'elle subit depuis ces derniers mois.

– C'est ce que je pensais aussi jusqu'à ce que je la croise un matin, alors qu'elle sortait de sa chambre. Elle m'a souri et m'a dit : “Fais attention, je crois que mes draps sont mouillés. J'ai encore eu la flemme d'aller aux toilettes.”

– C'est ce qu'elle a dit ?

– Je te le jure, Laure. Dis-moi que tu me crois.

– Qui pourrait inventer des choses pareilles ? Bien sûr que je te crois. »

Ségolène pousse un soupir de soulagement et continue :

« Elle n'essaie même plus de faire semblant lorsque nous sommes toutes les deux. Elle me méprise, me répond, me dit des choses affreuses et me rappelle sans cesse que sa mère m'appelait "la pute". Elle ajoute toujours que je peux en référer à son père parce qu'il ne me croira pas.

– Lui en as-tu parlé ?

– Impossible ! Dès qu'il est là, elle redevient une petite fille charmante et triste. Elle a facilement les larmes aux yeux et Julien fait tout ce qu'elle veut. Elle est mielleuse en sa présence et me donne du "Ségo", en veux-tu en voilà. Je ne sais plus quoi faire.

– Mon Dieu !

– Et il y a le couteau…

– Quel couteau ?

– Un couteau de cuisine qui a disparu. Un en céramique dont il ne reste que l'étui. Tu me connais, tu sais que je range toujours méticuleusement tout ce qui peut être dangereux… Je l'ai cherché partout et il n'est plus là.

– Un couteau, ça peut être mis par inadvertance dans une poubelle, ça m'est arrivé un certain nombre de fois.

– Oui, je suis d'accord, mais ce n'est pas toi qui, jour après jour, la croises dans les escaliers ou dans le couloir, toute souriante en te disant “as-tu retrouvé le couteau, Ségo ? Tu sais, c’est dangereux. Quelqu’un pourrait se blesser avec. À ta place, je chercherais encore.” Je n’en dors plus, Laure. Je crains qu’elle ne s’en prenne à Malo.

– Mais non, voyons, c’est une enfant. Très perturbée, certes, mais une enfant tout de même.

– C’est une psychopathe.

– Tu ne peux pas dire ça. D’ailleurs, on ne parle pas de psychopathie avant l’âge adulte.

– Alors quoi ? On le devient subitement à sa majorité ?

– Tu ne peux pas la cataloguer. Elle n’a que 10 ans !

– Je sais ce que je dis. J’ai besoin de savoir que tu es de mon côté.

– Je le suis. Je l’ai toujours été. »

Ségolène scrute avec attention le verre qu’elle tient entre ses mains, comme pour y trouver la force de continuer.

« Il y a autre chose, mais je n’en ai pas la preuve…

– Dis-moi.

– C’est quelque chose que je pressens fortement. C’est à propos de Charles. »

Laure écoute sa sœur, l’air grave. Ségolène baisse la voix :

« Je sens qu’elle n’est pas étrangère à sa mort. Je n’ai aucun élément précis, mais c’est sa façon de parler de lui et de son décès lorsque nous sommes toutes les deux… Elle me fait peur, Laure.

– La situation est plus sérieuse que je ne l'imaginais. Tu vas devoir agir, sinon tu t'effondreras et je refuse de te voir plus longtemps dans cet état. Ton mec ne veut pas que sa fille aille voir un psy ? Soit. Tu ne peux pas agir sur ce point, tu n'as aucun droit sur elle. Donc, c'est le psy qui viendra à elle.

– Comment ça ?

– Je suis intimement persuadée que Lalie ne se rend pas compte du mal qu'elle fait. Elle est perturbée, chamboulée par la mort de sa mère et de Charles. C'est une enfant, peut-être croit-elle que tous les gens qu'elle aime sont condamnés à disparaître. Peut-être qu'en te malmenant, dans sa tête, elle te protège.

– Je n'y crois pas.

– Écoute, je ne suis pas psychiatre ni même une spécialiste des enfants. Ceux qu'il m'arrive de recevoir n'ont pas de passif aussi lourd que Lalie. Mais ce que je peux faire, c'est la rencontrer régulièrement et l'écouter, échanger avec elle afin qu'elle arrive à exprimer son mal-être.

– Je te parle de persécution et tu me parles de mal-être ? De toute façon, Julien ne voudra pas.

– Julien refuse que tu ailles voir, je cite, "un étranger". Ce n'est pas mon cas. Nos rencontres seront informelles. Je pourrais passer chez toi un soir par semaine. Quel jour fait-il du sport ?

– Le jeudi soir.

– Eh bien je m'arrangerai pour être libre plus tôt le jeudi. Je n'aurai qu'à déplacer quelques rendez-vous. Je demanderai des conseils à un de mes collègues dont c'est la spécialité et nous démarrerons dès la semaine prochaine.

– Tu ferais ça ?

– Quelle question ! Tu le sais, Malo et toi êtes bien plus importants pour moi que Julien et sa fille. Je ferai mon possible pour t'aider et s'il faut que j'affronte Godzilla, je le ferai.

– Mais Julien ?

– Écoute, mets-lui le marché en main. Dis-lui qu'elle ne va pas bien, que tu es malheureuse et que s'il ne fait pas tout pour que la situation s'arrange, tu partiras.

– Et s'il refuse ?

– Ce sera à toi de voir. Mais à ce rythme tu ne tiendras pas très longtemps. »

Ségolène acquiesce en silence.

En rentrant à Bois-Colombes, Ségolène repense à ce que lui a dit Laure. Elle a essayé de se renseigner sur la sociopathie et la psychopathie de l'enfant, mais n'a pas trouvé grand-chose. C'est comme si ces sujets ne les concernaient pas. Elle a vu des forums pourtant, dans lesquels des parents exprimaient leur désarroi d'avoir un fils ou une fille au comportement effrayant. Elle avait songé à les contacter mais avait renoncé. Qu'aurait-elle pu leur dire ?

23

Le dîner du soir se passe dans une ambiance morose, à la surprise de Julien. Ségolène n'a pas dit trois mots depuis son retour de Paris et Lalie est plongée dans son assiette, silencieuse. Elle est taciturne depuis quelque temps. Il suppose que l'approche de l'anniversaire de Carmen en est la raison, mais en revanche, il n'a aucune idée de ce qui pourrait préoccuper autant Ségolène. Il a tout repassé dans sa tête. Il n'a oublié aucun événement particulier et pourtant, il lui semble qu'elle le bat froid. Comme s'il avait besoin de ça en ce moment !

Lorsque Lalie termine sa dernière cuillerée de compote, Ségolène prend la parole :

« Après t'être lavé les dents, tu iras dans ta chambre.

– Mais pourquoi ? On est samedi.

– Tu n'es pas obligée de dormir tout de suite, mais tu monteras.

– Mais, papa ? Qu'est-ce que j'ai fait ? »

Julien regarde sa compagne, interloqué.

« C'est moi qui te le demande, pas ton père. Je pense que puisque tu vis ici, il faut également que tu m'écoutes lorsque je te demande quelque chose. Ton père et moi avons besoin de parler entre adultes.

– Mais…

– Il n'y a pas de "mais", tu vas faire ce que je te dis, et tout de suite. »

Lalie regarde son père d'un air interrogateur. Il hausse les épaules, impuissant. Elle quitte la cuisine, boudeuse, après avoir lancé un regard noir à sa belle-mère, qui ajoute :

« Et ferme la porte de ta chambre ! »

Puis elle se lève et commence à débarrasser la table, sous le regard empli d'incompréhension de Julien.

« Tu m'expliques ce qui se passe, là ? J'ai dû manquer un épisode. Qu'est-ce qui te prend d'être aussi agressive avec Lalie ?

– Agressive ? Je suis agressive ? »

Elle soupire et reprend, plus calmement.

« Je sais que tu vis des moments difficiles, mais nous devons avoir une discussion sérieuse, maintenant. Il en va de notre couple. »

Il la regarde sans comprendre.

« Tu ne vois pas ce qui se passe ? Tu ne vois pas que nous sommes au bord de la rupture ? Je n'en peux plus, Julien. Je n'en peux plus de porter toute cette foutue baraque sur mes épaules. Toi, ta fille, Malo…

– Mais…

– Tais-toi ! Écoute-moi jusqu'au bout pour une fois ! Je n'en peux plus, Julien, je suis à bout. »

Julien est stupéfait. Il peine à reconnaître Ségolène. Elle, d'ordinaire si posée, si réfléchie, ne trouve plus ses mots. Il a conscience de ne pas avoir été à la hauteur ces derniers mois, mais elle pourrait le comprendre ! Il a perdu son fils, bordel ! Il est mort, tout comme sa femme ! N'importe qui pourrait comprendre qu'il ne soit pas au mieux de sa forme, alors, qu'est-ce qu'elle cherche ?

Il se tait de peur que les paroles qu'il risquerait de prononcer n'enveniment la situation. Il n'a jamais aimé les conflits, non pas par lâcheté, mais par désintérêt. Les disputes l'ennuient. Il a beau chercher, il n'a rien noté de plus que la merde habituelle qui l'étreint depuis plusieurs mois.

Il regarde Ségolène, cette femme qu'il aurait aimé épouser, une fois son divorce prononcé. Il l'observe et remarque pour la première fois les cernes sur son visage, les ridules aux coins de ses yeux et ses lèvres tremblantes. Elle semble avoir maigri aussi. Depuis combien de temps ne l'a-t-il pas vraiment regardée ou même, touchée ? Il ne s'en souvient plus. Leurs relations intimes, si intenses il y a quelques mois, sont devenues rares au décès de Charles. Elles ont totalement disparu après celui de Carmen. S'il n'a pas été capable de noter ces changements physiques, il est fort possible qu'il ait zappé d'autres informations.

Il attend sans dire un mot, persuadé qu'elle finira par lui avouer ce qu'elle a sur le cœur, mais pour le moment, ce silence qui s'épaissit le conforte dans une ignorance qui lui convient. Il pressent que la suite sera difficile.

Et si elle voulait rompre ?

Cette idée le tétanise. Le visage de sa compagne, vide d'expression, ne lui donne aucune indication qui lui permette de confirmer ou d'infirmer sa pensée.

Attendre. Il lui faut attendre. Ces minutes qui s'éternisent tandis qu'ils rangent la cuisine dans un ballet bien rodé lui donnent l'impression d'être au cœur d'un film d'art et d'essai. Il ne manque que le tic-tac d'une pendule à balancier pour appuyer le côté dramatique d'une scène dont ils sont les acteurs principaux. Ce sera à elle de briser le silence lorsqu'elle jugera pertinent de le faire. Elle prend Malo dans ses bras et monte le coucher.

Julien se dirige vers le salon, s'assoit dans un fauteuil et attend qu'elle revienne. Il redoute ce qu'elle va lui dire. Il ne supportera pas qu'elle le quitte. Il se promet de tout faire pour se reprendre, pour ne pas laisser son chagrin engloutir leur couple.

Ségolène descend enfin et prend place, face à lui. Il esquisse un geste en sa direction, mais elle l'arrête d'un regard.

« Je te demande de m'écouter jusqu'au bout sans m'interrompre. Tu penses que c'est possible ?

– Qu'est-ce qui t'arrive ? Tu…

– Est-ce que c'est possible ?

– Je t'écoute.

– Nous avons un problème, Julien. J'ai essayé de t'en parler à de nombreuses reprises, mais tu ne veux pas m'entendre. Lalie ne va pas bien et plus le temps passe, plus elle s'enfonce dans une spirale destructrice pour elle et pour son entourage. Lorsque tu n'es pas là, elle est de plus en plus insolente et insultante vis-à-vis de moi. Elle te ment et te manipule sans que tu voies rien venir. »

Ségolène dévoile tout ce qui la ronge depuis plusieurs semaines, en omettant toutefois de parler de l'épisode du couteau et de ses soupçons quant au décès de Charles. N'évoquer que les faits établis lui a semblé plus pertinent.

*

Lalie est furieuse. Que la pute souhaite l'envoyer dans sa chambre est une chose, mais que son père ne s'y soit pas opposé, elle ne le conçoit pas.

Elle est assise à son bureau et n'ose pas entrouvrir la porte pour écouter ce qu'ils ont à se dire. Elle a beau réfléchir, elle ne voit que deux choses : soit la pute se plaint d'elle, soit elle a décidé de partir. Elle espère que cette dernière possibilité sera la bonne. Cette idée fait immédiatement refluer la vague.

Un aboiement. Perro la regarde en remuant la queue. Elle le prend dans ses bras et commence à danser avec lui, persuadée que sa belle-mère va quitter la maison.

Oui, d'ici peu, son père n'appartiendra plus qu'à elle.

L'idée de ne plus avoir à le partager la satisfait et lui donne le courage d'ouvrir la porte. Des voix assourdies lui parviennent. Elle n'essaie pas de se rapprocher n'y même d'essayer de les comprendre. Elle sait : Ségolène annonce qu'elle et le demi-pute se barrent enfin, c'est certain. Bon débarras !

Elle se dirige vers la salle de bains pour se laver les dents et brosser ses cheveux, suivie, comme toujours, par Perro.

Finalement, ce n'est pas si grave de ne pas avoir l'autorisation de descendre, même pour regarder la télé. Elle a un livre à terminer. Et c'est le cœur léger, qu'elle décide de s'allonger.

24

Dimanche 26 janvier.

Non, mais c'est une blague !

J'essaie de comprendre ce qu'il me dit, mais les mots ne sont pas les bons. La pute ne part pas, mais moi, je devrai voir sa sœur une fois par semaine pour parler. Je ne comprends pas. Pourquoi je devrais (*non !*) pourquoi devrais-je lui parler ? Et de quoi ?

Papa m'explique que son métier est d'écouter les gens qui ont besoin d'exprimer ce qui ne va pas dans leur vie, mais je ne veux pas (*non !*) je ne le veux pas. Il faut qu'il comprenne que je n'ai pas besoin d'aller la voir.

« Mais pourquoi ? Je n'ai rien à dire à Laure. Je ne la connais presque pas.

– Eh bien ce sera l'occasion.

– Mais pourquoi, papa, qu'est-ce que j'ai fait ? »

Je laisse mes yeux se remplir de larmes. Normalement, ça marche toujours. Je fais trembler mon menton, très peu, pour que ça ne fasse pas faux et je le regarde. Il se détourne. Je vais gagner.

« Il le faut, ma chérie. J'aimerais vraiment pouvoir t'aider, mais j'en suis incapable.

– Je comprends pas. M'aider pour quoi ? Je vais bien. Je suis bien ici avec Ségo, Malo et toi.

– Ma puce, il s'est passé beaucoup de choses ces derniers temps, et, même si tu ne le sais pas encore, il faut que tu parles à quelqu'un. Tu connais Laure, elle t'aime beaucoup en plus. Elle pourra t'aider mieux que moi. J'ai vraiment besoin d'être certain que tu vas bien. Et Laure fera son possible, tout comme moi, pour que ce soit le cas. Tu veux bien essayer ? Pour moi ? »

Je suis obligée de dire "oui", alors, je le fais. Papa m'embrasse fort et sort de ma chambre. Il va partir se promener avec sa pute et son gosse. Je refuse de les accompagner parce que j'ai envie d'être seule. Je sens la vague de colère commencer à monter. Je marche dans ma chambre et Perro me saoule en me suivant partout.

« Vas-y, casse-toi ! »

Il n'est même pas capable de comprendre que ce n'est pas le moment de se faire remarquer. J'ai envie de le balancer contre le mur pour lui apprendre à ne pas m'emmerder. En y pensant, ce ne serait pas une si mauvaise idée. C'est nul de devoir le sortir dix fois par jour.

Perro me regarde en secouant la queue. Il va chercher une vieille balle de tennis qu'il dépose à mes pieds, puis il recule un peu, allonge les pattes avant et attend.

Qu'il est con ce chien !

La stupidité de cet animal m'étonne. Je commence à l'insulter à mi-voix. S'il est assez malin pour comprendre que je me fous de lui, j'arrêterai. Dans le cas contraire, il ne devra s'en prendre qu'à sa connerie.

Perro s'approche de ma main et la lèche tandis que je continue :

« Pauvre con, sale chien. »

Je le repousse. Une idée commence à venir et elle me plaît. Les animaux, c'est comme les gens, quand ils sont inutiles, ce n'est pas la peine de se faire chier avec.

La porte d'entrée claque. Ils sont sortis.

J'ouvre mon coffre, celui qui se trouve sous la fenêtre. Je fouille parmi mes jouets et je la trouve : ma grenouille. Je l'adorais quand j'étais petite. J'y mettais mon pyjama, mais surtout, c'était ma planque. J'y cachais souvent des trésors ou des bonbons. D'ailleurs, peut-être que papa m'achètera des bonbons cet après-midi.

Avant de me parler de Laure, il m'a promis de m'emmener au parc puis qu'on irait (*non !*) que nous irions boire un chocolat chaud dans un salon de thé ouvert le dimanche, rien que tous les deux.

En fait, ce serait bien qu'on fasse ça tous les dimanches. Non, ce qui serait vraiment bien, ce serait d'être que tous les deux. Tout le temps.

*

Julien est rassuré. Pour une fois, il n'a pas flanché. Il a agi en homme. Il a reconnu que voir Laure, pourrait sans doute aider Lalie. Pour être franc, si ça n'avait tenu qu'à lui, il ne l'aurait pas fait. Il a confiance en Laure, certes, mais c'est en la profession de psy qu'il ne croit pas. Ça n'a rien de personnel, c'est comme ça, c'est tout. Si sa belle-sœur n'a rien d'autre à faire le jeudi soir, libre à elle de venir. Au moins, cela permettra d'essayer d'arrondir les angles avec Ségolène et de ce côté-là, il a encore pas mal de choses à faire.

Il l'observe tandis qu'elle avance. Elle tient si fort la poussette que les jointures de ses doigts blanchissent. Elle persiste à l'ignorer pendant qu'il tente, tant bien que mal, de renouer le dialogue. Ses tentatives sont infructueuses pour le moment. Il lui faudra persévérer.

*

Papa et moi marchons dans les rues de Paris. Finalement, nous ne sommes pas allés au parc. Il m'a emmenée au cirque d'hiver ! Il a pris les places sur Internet et m'en a fait la surprise. Je repense à la musique, aux trapézistes, aux clowns et à tous les numéros. Je voudrais que ce moment dure toute la vie et je lui dis (*non !*) je le lui dis. Il me sourit :

« Tu as aimé ?

– C'était génial, papa ! Et tu as vu celui qui jonglait ?

– Je savais que ça te plairait.

– J'aime bien quand on est tous les deux.

– Moi aussi, ma chérie, et je vais te dire un secret. »

Il se penche tout contre mon oreille et chuchote :

« Ce sont les moments que je préfère.

– C'est vrai ?

– Puisque je te le dis. »

C'est ce que je voulais entendre. Papa m'aime plus que les autres et c'est ce que j'avais besoin de savoir. Je suis rassurée. La pute et Malo ne comptent pas, c'est sûr, maintenant. Pour que tout soit parfait, il faudrait que nous ne soyons que tous les deux. C'est lui qui l'a dit, il préfère les moments où (*non !*) les moments durant lesquels nous sommes seuls.

*

Julien serre la main de sa fille. Depuis qu'elle a emménagé chez eux, il s'aperçoit qu'il n'a eu que peu de temps à lui consacrer tant il était rongé par sa tristesse. Il se promet de planifier des instants rien qu'à eux. Lorsque Malo sera plus grand, il fera de même avec lui. Il se jure d'être, pour eux, le père qu'il n'a pas su être pour Charles.

Lalie chantonne en marchant, sous les yeux de son père. Elle a toujours été une enfant facile, agréable et sage… comme une image. C'est ce que Carmen et lui aimaient à dire lorsqu'ils la regardaient dormir, avant. Elle s'est adaptée à sa nouvelle vie, même s'il commence à prendre conscience qu'elle est, actuellement, dans une période difficile. Ségolène lui a ouvert les yeux à ce sujet et l'ultimatum qu'elle lui a posé n'était pas, finalement, une si mauvaise chose. Voir Laure régulièrement pourra peut-être aider Lalie à accepter la situation. Il n'aurait jamais supporté de la savoir avec un étranger, fût-il psychologue ou même psychiatre. À dire vrai, il ne sait pas grand-chose de ces deux professions, mais dans sa famille, il avait toujours été de bon ton de les dénigrer en les traitant de charlatans. « Ces gens-là ne sont bons qu'à te retourner le cerveau », lui serinait son père, lorsqu'il était encore de ce monde.

Il lui reste une chose à mettre au clair avant de rentrer. Ils s'assoient sur un banc public.

« Lalie, Ségolène m'a dit que tu n'étais pas toujours très gentille avec elle. »

La fillette baisse la tête et fixe ses mains, posées sur ses genoux.

« Je suis sérieux, Lalie. Il est hors de question que tu manques de respect à ta belle-mère. »

Elle sursaute :

« Ce n'est pas ma belle-mère.

– Elle l'est. C'est la mère de ton frère, la femme avec laquelle nous vivons.

– Et maman ?

– Je sais que c'est difficile, ma chérie, mais maman n'est plus là. Elle veille sur toi et je suis certain que, de là-haut, elle est heureuse de voir que Ségolène sera là pour t'aider à grandir.

– Ça m'étonnerait. Elle la détestait.

– Et pourtant j'en suis sûr. Je ne te demande pas de considérer Ségolène comme ta mère, mais comme une amie, une alliée. Pour elle, pour toi et pour moi. Je ne veux plus que tu lui manques de respect, que tu lui répondes ou que tu refuses de l'écouter. C'est clair ?

– Oui, papa.

– Bien. Et maintenant, tu veux que je te dise un secret ? »

Le visage de Lalie s'illumine tandis que son père se penche à son oreille et lui murmure quelques mots. Pendant qu'elle l'écoute, son sourire se fige.

*

Ségolène est assise sur le tapis du salon et retient son souffle. Malo est debout devant elle. Il cherche son équilibre en se servant de ses bras comme balancier. Il vacille, se redresse et esquisse deux pas maladroits avant de se laisser tomber.

« C'est bien, mon chéri ! Tu marches ! Tu recommences ? »

Elle l'aide à se remettre sur ses pieds, mais le bambin n'a plus envie d'essayer. Il s'assoit. Elle le couvre de baisers.

« Mon grand garçon ! Quand je vais dire ça à papa… »

La porte de l'entrée s'ouvre, elle se lève. Elle n'a pas le temps d'avancer. Lalie se précipite vers elle et l'enlace :

« Pardon, Ségo. J'ai été méchante. Je ne recommencerai plus, promis.

– Ce n'est rien, ma chérie, c'est oublié. »

Ségolène regarde Julien et lui sourit, soulagée.

« Alors, le cirque, c'était comment ? »

Lalie se détache et s'apprête à lui raconter sa journée quand Malo, debout, sous le regard ébahi de l'assistance, tend les bras vers elle en avançant dans sa direction, manquant de perdre l'équilibre à chaque pas. Lalie s'agenouille tandis qu'il tombe dans ses bras :

« Hé, mon bébé, tu marches ? Mais c'est très bien !! »

Ils s'extasient tous les trois sur les progrès du garçon puis Lalie demande :

« Papa, j'ai un exposé à faire pour l'école et j'aimerais bien le commencer. Est-ce que je peux utiliser ton ordinateur ?

– Pourquoi n'utilises-tu pas le tien ? demande Ségolène.

– Parce que je refuse qu'elle aille sur Internet sans surveillance, répond Julien. Elle est encore bien trop jeune.

– Tu sais qu'il y a un contrôle parental sur l'antivirus ?

– Je le sais. Elle aura Internet lorsqu'elle sera au collège, pas avant.

– J'imagine que tu n'ignores pas qu'elle l'a sur son téléphone.

– Ce n'est pas la même chose. Le sujet est clos. Lalie, tu peux l'utiliser, mais pas plus d'une heure, O.K. ?

– Oui, papa. »

La fillette l'embrasse et s'apprête à sortir, puis demande :

« Je n'ai pas vu Perro. Il est où ?

– C'est vrai, ça. Depuis que tu l'as mis dehors tout à l'heure, je n'ai pas fait attention à lui. Il n'a pas demandé à rentrer, d'ailleurs.

– J’espère qu’il ne s’est pas enfui, dit Julien. Je vais aller regarder. Et toi, va travailler ! Le compte à rebours a commencé.

– Oui, papa. »

Julien sort chercher Perro tandis que Lalie monte d’un pas léger.

Il peut toujours le chercher, ce con de chien.

25

Jeudi 30 janvier.

18 h 15. Laure a enfin réussi à trouver une place dans le quartier et marche en direction de la maison.

Elle appréhende l'entrevue avec Lalie. Il n'est jamais simple de s'occuper de proches, mais elle se devait d'aider sa sœur.

Elle a demandé conseil à un collègue, qui a proposé de la guider, si besoin. En attendant, elle a apporté de quoi instaurer un climat de confiance : des jeux de société, des livres…

Ségolène lui ouvre et lui indique la chambre de Lalie. Elles ont convenu que cette pièce serait la plus adaptée. Laure frappe à sa porte.

« Entrez. »

Une fois dans la pièce, de nouveau, elle est frappée par le décalage de l'enfant. On la dirait venue directement des années 60. Lalie est assise, très droite, au bord du lit. Ses cheveux châtain clair sont noués en une longue natte qui repose sur son épaule gauche. Des barrettes en forme de cerises retiennent, çà et là, quelques mèches indisciplinées. Son gilet vert est boutonné jusqu'en haut et l'encolure en V laisse apparaître le col d'un chemisier blanc. Elle porte un pantalon en velours du même vert. *Même ma mère n'en avait pas d'aussi moche.* Son unique touche d'originalité est apportée par une paire de chaussons Minnie, offerte par Ségolène.

La fillette se lève à son approche :

« Je ne savais pas si on aurait besoin d'un cahier, alors papa m'en a acheté un.

– Tu n'as besoin de rien. Je suis ici pour passer un moment avec toi, pas pour travailler.

– Non. Tu es là pour voir si je suis aussi méchante que Ségo le dit ou si elle exagère. Et comme tu es sa sœur, tu trouveras que je le suis. C'est normal.

– Hé ! Je suis là pour toi. Pour t'aider. Tu as raison sur un point. Ségolène est ma sœur et je l'aime. Ce que je sais, c'est que lorsque tu iras mieux, elle ira mieux elle aussi. Nous avons donc un intérêt commun. Tu comprends le mot “intérêt” ?

– Je comprends beaucoup de choses.

– C'est ce que je pense aussi. Tout comme ta maîtresse. Mme Kaplan a dit à ton père que tu étais une petite élève très vive et intelligente. »

Lalie hausse les épaules. Laure continue :

« Plus rapide que tous les autres enfants de la classe. Elle s'est étonnée que l'on ne t'ait pas proposé un passage anticipé en sixième. »

Lalie lève un sourcil.

« De sauter une classe, si tu préfères. Tu sais ce que je crois ? »

Lalie la regarde, attentive à chaque mot prononcé. Laure enchaîne :

« Je crois que si on ne te l'a pas proposé, c'est que tu l'as soigneusement caché. J'ai regardé tes livrets de Monduit. Tu y étais très bonne élève, mais pas la meilleure. Or, ici, tes premières notes sont toutes excellentes. Certes, cela ne fait qu'un mois, mais ta moyenne, pour le moment, est de 19,85. »

Laure utilise sciemment un vocabulaire d'adulte. Cela lui permet de commencer à évaluer le degré de compréhension et la vivacité de Lalie. La petite lui sourit :

« C'est parce que j'avais oublié la virgule en maths.

– Pardon ?

– Je n'ai pas eu 20 en maths parce que j'avais oublié la virgule. Je m'en étais aperçue en me relisant, mais j'ai oublié de la remettre. Ce n'est pas très grave.

– Ce n'est pas très grave en effet. Et donc, cette vivacité d'esprit est apparue comme par magie lorsque tu as emménagé ici ? Je ne savais pas que la pollution de la région parisienne pouvait produire cet effet-là. »

Lalie sourit de nouveau et avoue, d'une petite voix :

« C'est parce que je n'avais pas envie d'aller à Amiens. »

La fillette est agréablement surprise. Laure est moins conne qu'elle ne le pensait. Il faudra qu'elle soit prudente pour mener son projet à bien. Elle est néanmoins satisfaite de pouvoir discuter avec quelqu'un qui ne la considère pas comme une gosse de 10 ans, mais comme une interlocutrice à son niveau.

Elles échangent pendant près d'une heure.

Lorsqu'elle sort de la chambre, Laure est soulagée. Elle a réussi à nouer le contact. Comme la petite accepte de collaborer, tout sera bien plus simple et elles pourront avancer. C'est ce qu'elle confie à Ségolène, qui s'en trouve rassurée.

« Je dois t'avouer que j'en suis vraiment heureuse. Je crois que tu as raison, elle n'a pas un mauvais fond. J'ai sans doute exagéré les choses.

– C'est parce que tu es sous tension toi aussi. Ce que tu vis est loin d'être simple.

– J'ai peut-être dramatisé.

– Disons plutôt qu'elle a essayé de te rendre parano et que tu as marché dans son jeu. Elle a reconnu les insultes et le manque de respect. Comme elle mentait jusqu'alors, tu lui as sans doute prêté des intentions qu'elle n'avait pas.

– Julien ne veut pas croire aux insultes.

– C'est son père, il l'aime. Si nous arrivons à faire en sorte qu'elle se sente en sécurité, sereine, je crois sincèrement que les choses s'arrangeront d'elles-mêmes. D'ailleurs, à ce sujet…

– Oui ?

– Nous avons convenu, elle et moi, qu'il serait mieux que nous nous rencontrions dans un lieu plus neutre. Tu pourrais l'amener au cabinet ?

– Ça devrait être possible. Il suffira que je l'emmène avant d'aller chercher Malo. Julien la récupérera après le sport. Si Lalie est d'accord, il le sera.

– Alors je l'attendrai jeudi prochain. »

Après le départ de Laure, Lalie rejoint Ségolène dans le salon et s'assied à ses côtés, face à la télé.

« Tu regardes quoi ?

– Un reportage sur les Maldives, tu connais ? »

La fillette hausse les épaules. Sa belle-mère la regarde :

« Ça s'est bien passé ?

– OKLM.

– Pardon ?

– OKLM, au calme, tranquille, quoi.

– Je préférerais que tu parles correctement ici. On n'est pas à l'école.

– Sinon quoi ? Tu vas… »

Lalie se tait quelques secondes, puis reprend :

« Pardon. Tu as raison, je ne le ferai plus.

– Je ne suis pas contre toi, Lalie, mais tu dois respecter certaines règles. Le vocabulaire que tu utilises en est une.

– D'accord. Je ferai attention. Je m'excuse.

– C'est oublié.

– Est-ce que je pourrai utiliser l'ordinateur de papa pour mon exposé ? Il ne veut toujours pas que j'aie Internet sur le mien.

– Qu'est-ce qu'il peut être têtu quand il veut ! Bien sûr. Tu veux que je t'aide ? »

Lalie se lève et sourit.

« Ce n'est pas la peine. Je vais y arriver. »

Elle se penche vers sa belle-mère et l'embrasse :

« Merci, Ségo ! »

Elle part en sautillant. Ségolène est soulagée : Lalie essaie de se maîtriser. C'est un bon début.

26

La pute ! Pour qui elle se prend cette salope ? Je cherche et cherche encore, mais je n'arrive pas à trouver de mots plus insultants. Si elle croit qu'elle a réussi à m'avoir, elle rêve. Comme si jouer la mielleuse, comme elle le fait devant papa, allait me faire changer d'avis. Je la déteste. Non. Je la hais.

Je me calme d'un coup en m'asseyant devant le bureau. Je connaissais la colère, la vague qui m'engloutissait, mais pas la haine. C'est un sentiment nouveau. Je comprends que dire « je la hais », ce n'est rien d'autre que des mots qui se suivent, sans intérêt. Ressentir la haine est quelque chose de vraiment puissant.

Je me souviens de ce que Samuel me disait, à Monduit, quand (*non*) lorsque nous discutions de notre situation d'enfants à haut potentiel : « Nous devons savourer et profiter de chaque émotion nouvelle, bonne ou mauvaise et la cataloguer : le sentiment que j'éprouve est-il positif ou négatif ? Va-t-il m'aider à devenir meilleur ou va-t-il m'effrayer ou m'affaiblir ? Connaître le potentiel de nos émotions nous permettra de les utiliser si besoin, sans en être esclaves. » J'aimerais beaucoup revoir Samuel. Il est le seul à m'avoir vraiment comprise et à savoir qui je suis. Peut-être qu'en regardant sur Internet… Non, pas maintenant. J'ai encore pas mal de choses à faire. Et l'exposé n'en fait pas partie.

J'allume l'ordinateur. À sa droite se trouve une vingtaine d'affichettes. Il les a faites pour chercher Perro. Nous en avons collé des dizaines sur les poteaux de la ville et en avons déposé dans les boîtes aux lettres du quartier. Papa fait son possible pour le retrouver et j'imagine qu'il est encore en train de tourner en voiture en essayant de l'apercevoir. Mais Perro, ça fait des jours qu'il n'est plus là et il ne le trouvera pas près de la maison, c'est certain. Ce clebs commençait à vraiment me saouler, mais au dernier moment, j'ai eu peur de faire avec lui la même bêtise qu'avec maman. J'avais pas (*non*) je n'avais pas envie qu'il me manque, alors, je l'ai donné à Gauthier. Gauthier, c'est le Andy de mon école. Il voulait un chien. Je lui ai dit qu'il pourrait avoir Perro s'il gardait le secret sur la façon dont il l'avait eu. Pendant que nous étions au cirque, il lui avait suffi d'ouvrir la grille pour que ce con de chien le suive. Il n'y a aucune chance que papa aille chercher dans son quartier.

Et si un jour Perro me manque, je n'aurais qu'à accuser Gauthier de l'avoir volé. Personne ne le croira. C'est un cassos[1]. Il ne faut pas avoir de cœur pour enlever son chien à une camarade qui a déjà perdu sa mère et son petit frère. Je lui ai promis que Perro n'était pas tatoué. Je n'ai pas menti : il a une puce.

Je souris et vais sur Google.

---

1 Cas social.

27

Jeudi 13 février.

Christiane Kaplan pose la feuille qu'elle tient entre les mains, ôte ses lunettes avant de se masser les yeux et les tempes. Il ne lui reste que trois copies et comme à chaque fois, elle les a classées selon leur intérêt supposé. Ce n'est pas très bienveillant, mais elle procède ainsi depuis quelques années maintenant. Celles qu'elle perçoit comme étant les moins bonnes, au début, et celles des meilleurs élèves, à la fin.

Procéder ainsi a de nombreux avantages : elle est mieux disposée et moins fatiguée au début d'une séance de correction. Lire une rédaction demande du temps et de la patience. Garder les plus réussies pour la fin lui assure de finir en beauté, avec des travaux qui comportent moins de fautes de syntaxe, d'orthographe ou de ponctuation.

Elle a donc gardé les copies de Guillaume, d'Anissa et de Lalie.

Cette enfant est de loin, la meilleure qu'elle ait eue de toute sa carrière. Elle est vive, intelligente, posée lorsqu'il le faut. C'est un élément majeur de la classe.

Elle se demande si les deuils précoces subis par la fillette ont pu influencer son potentiel intellectuel. Il faudra qu'elle se renseigne auprès de ses collègues à la rentrée.

Corriger des rédactions n'est pas ce qu'elle avait envisagé pour occuper cette journée de vacances, mais elle a accumulé tant de retard dans son travail qu'elle n'a pas pu faire autrement.

Les copies de Guillaume et d'Anissa se révèlent conformes à ce qu'elle avait imaginé. Des travaux sérieux, avec une introduction claire, une écriture soignée et une histoire cohérente.

À peine a-t-elle commencé la copie de Lalie qu'elle pose son stylo rouge afin de se concentrer sur le texte.

Elle pâlit. Comment Lalie a-t-elle pu écrire de telles choses ? Il ne faut prendre aucune décision à la hâte, elle le sait. Une mauvaise interprétation peut mener à la catastrophe ; de plus, ce qui était demandé ici, c'était un récit d'invention.

Un goût de cendre lui remplit la bouche. Et si ce qui était écrit ici s'était vraiment passé ?

Lorsque Christophe, son mari, rentre du travail, elle lui fait lire la rédaction de la fillette. Même s'il trouve le contenu préoccupant, il lui suggère de ne pas se précipiter. Le mieux serait, selon lui, d'attendre la rentrée et d'avoir une discussion avec l'enfant concernée.

Christiane acquiesce. Elle attendra.

*

Ségolène termine les bagages. Ils partiront au ski dans la nuit de vendredi à samedi. Malo est sur son tapis de jeu, en train d'observer en détail une voiture de police bleu et blanc. Il a un très léger strabisme lorsqu'il se concentre, ce qui lui donne une mine comique.

Elle plie deux pyjamas qu'elle pose dans la valise rouge, destinée aux enfants et s'apprête à y ajouter un cardigan jaune, lorsqu'elle est interrompue par la sonnerie de son portable. C'est Laure.

« Ça va ? Ne me dis pas qu'il a oublié de récupérer Lalie !

– Non, non, ils partent à l'instant. Dis-moi, tu pourrais venir ?

– Quand ? Maintenant ? Qu'est-ce qui se passe ?

– Pas au téléphone. C'est sérieux, Ségo, il faut que tu viennes. Vite.

– Tu m'inquiètes, là. Écoute, dès que Julien et Lalie seront à la maison, je partirai. Je ne peux pas laisser Malo seul.

– O.K., mais s'il te plaît, ne leur dis pas que tu m'as parlé ou que tu viens me voir. Ne leur dis pas. Fais vite. »

Elle raccroche.

*

Julien profite de la chaleur de la douche. Le WOD[1] du jour a été particulièrement intense. Il n'est pas un spécialiste du CrossFit, mais la pratique de ce sport lui permet de remonter la pente en se dépensant. Il retrouve peu à peu l'hygiène de vie qui était la sienne. Sentir ses muscles, les voir se développer, lui procure un plaisir qu'il n'aurait pas imaginé jusqu'alors.

Exceptionnellement, ce soir, il a dérogé à la règle que Ségolène avait fixée : c'est Lalie qui prend soin de son frère pendant qu'il se change. Il ne sait pas ce qu'il lui a pris de partir aussi rapidement. Tout juste a-t-elle marmonné quelque chose en rapport avec des clefs oubliées au supermarché.

Il écoute et n'entend rien. Lalie est en bas et raconte une histoire à Malo. Ségolène avait raison. Il semblerait que les entrevues avec Laure lui fassent le plus grand bien. Elle sourit de nouveau,

---

1 Séance d'entraînement.

comme avant. L'angoisse lui étreint la poitrine lorsqu'il se met à penser à Charles et à Carmen.

Il prend le temps de se calmer, accroche une serviette autour de sa taille et marche jusqu'à son lit. Il s'y allonge. *Juste quelques minutes*… et s'endort.

*

Lalie sourit. La journée a été satisfaisante. Elle l'a passée chez une de ses nouvelles amies, Anissa. C'est une des meilleures de la classe et elle est très sympa. Sa famille aussi est plutôt marrante. Anissa est l'aînée d'une fratrie de quatre. Les petits sont vraiment turbulents. Elle n'a aucun bureau où travailler, fait ses devoirs sur la table de la cuisine et partage sa chambre avec sa petite sœur, Sirine. Elle a mangé des bricks à l'œuf, du steak haché et des haricots verts. Elle adore les bricks, c'était la première fois qu'elle en mangeait.

L'après-midi, elles se sont déguisées et ont fait des vidéos sur Tik Tok. Des chorégraphies et des chansons. C'était drôle ! Aucun de leurs parents ne sait qu'elles ont des comptes, ils ne seraient pas d'accord.

Lorsqu'elle lui a posé la question, Anissa lui a dit qu'elle aimait avoir des frères et sœurs. Être l'aînée lui plaisait aussi. Elle pouvait leur dire n'importe quoi, ils l'écoutaient toujours. Lalie n'est pas arrivée à comprendre cette façon de voir les choses.

Ségolène est venue la chercher pour l'emmener chez Laure et comme la semaine précédente, Lalie a joué le jeu. L'autre n'y a vu que du feu ! Prenant son rôle de belle-mère au sérieux, elle n'a pas arrêté de la saouler de paroles inutiles pendant tout le trajet : et le ski qui serait super, et la joie d'avoir Lalie près d'elle pour son anniversaire et patati, et patata.

Elle sait que son père a commandé un gâteau pour l'anniversaire de la pute, demain. Il a même prévu un cadeau spécial : il va lui demander de l'épouser ; il l'a confié à Lalie après leur sortie au cirque d'hiver. Beurk, ça lui donnerait presque envie de vomir, mais les bricks à l'œuf, c'est trop bon ; ça ne se vomit pas !

Après avoir raconté son histoire à Malo, elle va voir ce que fait son père : il dort profondément. Elle sourit, va dans sa chambre, ouvre le coffre à jouets et en ressort sa grenouille en peluche. Elle retourne dans le salon en la serrant contre elle.

Elle a réfléchi à la meilleure façon de faire. Elle regrette de ne pas être plus âgée. Si elle était plus vieille, son intelligence serait plus grande. Elle risque d'oublier des choses uniquement parce qu'elle est trop jeune pour les connaître et ça, ça l'agace.

Elle lève Malo, qui lui serre la main, tandis qu'elle le conduit sur le tapis de jeu situé à côté du canapé, face à la porte. Elle l'y allonge et lui caresse les cheveux en chantonnant. Comme à chaque fois, son petit frère s'endort. Qu'est-ce qu'il est con !

Elle ouvre la fermeture Éclair de sa grenouille et en sort le couteau en céramique. La lame est vraiment dangereuse. La preuve, elle manque même de se couper en le manipulant.

Elle entend du bruit à l'étage. *Eh bien, tu parles d'une petite sieste, papa, tu as dormi plus d'une heure et demie.* Tandis qu'il descend l'escalier en l'appelant, elle se prépare.

« Ici, papa. On est dans le salon. »

28

Julien descend lourdement les marches qui mènent au rez-de-chaussée. Lui, qui ne voulait se reposer que quelques minutes, a dormi bien plus longtemps. Heureusement que Lalie était avec Malo. Il le dira à Ségolène, tiens.

Lorsqu'il ouvre la porte qui mène au salon, il blêmit, n'arrivant pas à intégrer la scène qui se déroule sous ses yeux.

Malo est allongé sur son tapis, endormi.

J'espère qu'il est endormi ! Faites qu'il le soit, mon Dieu ! Faites qu'il le soit !

Lalie est assise derrière lui. D'une main, elle lui caresse les cheveux et de l'autre, elle tient un couteau à hauteur de son cou.

« Lalie ! Qu'est-ce que tu fais ? Lâche ça tout de suite ! »

Elle le regarde fixement. Aucune émotion ne traverse son visage.

« Lâche ce couteau !
– Non.
– Pose-le, s'il te plaît.
– Non. »
Il s'approche, mais Lalie remonte l'arme sur le visage de son frère, qui se met à hurler et à saigner instantanément, une estafilade le long de la joue droite.
« Arrête ça tout de suite !
– Non. »
Lalie est calme et décidée. Rien ne pourra la faire changer d'avis. Elle sait ce qu'elle doit faire.
La porte claque. Ségolène entre dans la pièce et pousse un cri. Julien l'arrête d'un geste. Elle regarde, désespérée, son fils et se sent inutile, tellement inutile ! Elle avance d'un pas, mais la fillette la fusille du regard.
« Non !
– S'il te plaît, Lalie, il saigne, il a mal. Laisse-moi le prendre.
– Non. »
Julien commence à paniquer :
« Qu'est-ce que tu veux, bon sang ?
– Je savais que tu poserais la bonne question.
– Dis-le ! Qu'est-ce que tu veux ? »
Lalie le regarde et le gratifie d'un sourire éclatant.
« Je veux que tu les quittes, papa.
– Quoi ?

– Je veux que tu les quittes pour qu'on soit tous les deux. C'est toi qui l'as dit, les moments que tu préfères, c'est quand nous sommes ensemble. Oups ! Excuse-moi, je me suis trompée. Je reprends : les moments que tu préfères sont ceux que nous passons ensemble. Et le seul moyen pour que nous en ayons, c'est que tu les quittes.

– Tu es folle ?

– Tu crois ça ? »

Ce faisant, elle appuie le couteau contre le cou de Malo. Une goutte de sang commence à perler, sans couler. Ségolène gémit. Julien s'affole.

« Non, non ! Pardon. Je ne voulais pas dire ça. Je t'écoute.

– Tu vas les quitter, papa, c'est la seule solution possible. Sinon, tu iras en prison. Toi, et la pute, là, dit-elle en regardant sa belle-mère.

– Pose ça, on va parler, ma chérie.

– J'ai beaucoup de choses à dire, tu sais, papa.

– Je t'écoute, ma chérie, mais donne-le-moi ou pose-le.

– Après, papa, promis. Écoute, c'est important.

– Je t'écoute. »

Il lance des regards inquiets à Ségolène, qui tremble d'entendre la douleur de son fils, et lui fait signe de ne pas bouger.

« Ségolène et lui vont partir, papa.

– Qu'est-ce que tu racontes ? Ils ne peuvent pas s'en aller comme ça. C'est ton frère et…

– Ils vont partir. C'est à eux, maintenant, de ne te voir que la moitié des vacances. Pas à moi. J'ai fait tout ça pour qu'on vive tous les deux, papa, rien que toi et moi. »

Ségolène étouffe un cri. Elle a compris. Julien continue :

« Ce n'est pas possible, ma chérie. Nous allons voir un docteur, un spécialiste. Tu as vécu des moments très difficiles, tu as besoin de soins, tu as besoin qu'on s'occupe de toi, et c'est ce que nous allons faire.

– C'est ton rôle, papa. Dis-moi, tu te souviens de mon exposé ?

– Quoi ?

– Tu sais, mon exposé. J'ai fait beaucoup de recherches, papa, beaucoup. J'ai cherché des photos de gens, des hommes et des femmes qui font des choses très bizarres avec des enfants. Je ne savais pas qu'on pouvait faire tant de choses horribles à des petits. J'ai mis des photos de moi aussi, pour parler avec des gens qui aiment bien les enfants. J'ai tout effacé dans l'historique, comme tu m'as montré, papa. Mais à l'école, j'ai appris que rien ne s'effaçait vraiment. Et j'ai beaucoup parlé avec Laure. Elle m'écoute, elle. »

Ségolène murmure :

« Mon Dieu ! C'est donc vrai ?

– Qu'est-ce qui est vrai ? »

Ségolène éclate en sanglots.

« J'étais chez Laure. Elle m'a dit de venir de toute urgence. Lalie lui a confié que tu t'allongeais le soir ou la nuit près d'elle parce que tu es son, je cite : “Papa d'amour”, et que c'est comme ça que tu aimes tes enfants.

– Mais c'est quoi encore cette histoire, c'est n'importe quoi !! C'est complètement faux !

– C'est faux, oui, je sais, mais Laure en est persuadée. Elle pense que c'est la raison des sautes d'humeur de Lalie. Elle lui a dit que tu la prenais en photo pour tes amis d'Internet. Laure l'a crue, Julien. Elle était prête à appeler la police ! Elle l'aurait fait si elle n'avait pas pu me parler ! Je lui ai fait promettre d'attendre et que je tirerais le fin mot de l'histoire. »

Julien est atterré. Il ne quitte pas sa fille des yeux. Elle caresse les cheveux de son frère, comme pour le calmer puis s'énerve :

« Tu me saoules à chialer comme ça ! Tu ne peux pas te taire ? Tu sais papa, j'ai téléphoné au numéro spécial, celui que les gens de la BPF[1] nous ont donné à l'école, mais je n'ai pas laissé de message. Mais ce n'est pas grave, les gendarmes nous ont dit qu'ils gardaient en mémoire les numéros qui appelaient, des fois que…

– Ils ne te croiront pas. Je ne t'ai jamais fait de mal. Je t'aime, Lalie.

---

1 Brigade de Protection des Familles.

– Si tu m'aimais, tu ne serais pas parti avec la pute ! »

Elle reprend son calme :

« Ma maîtresse va corriger ma rédaction pendant les vacances. J'y parle d'une petite fille qui dort tous les soirs avec son gentil papa.

– Mais tu mens !

– Je ne mens pas, c'est un récit d'invention.

– Mais personne ne te croira ! »

Elle récite une histoire, apprise par cœur :

« Ça a commencé quand je suis arrivée à Bois-Colombes, je voulais que papa m'aime. Je savais qu'il n'avait jamais aimé Charles…

– Tais-toi, c'est faux !

– Ah oui, papa ? Tu l'aimais ? »

Elle continue son histoire, qu'elle s'est entraînée à dire maintes et maintes fois, et ajoute :

« Il leur faudra un moment avant de réaliser que j'ai menti… s'ils s'en aperçoivent un jour. Et tu sais ce qui est drôle, papa ? C'est que pendant tout ce temps, je resterai avec Malo. J'ai regardé sur Internet, ils ne vont pas séparer un frère et une sœur. »

Ségolène implore Julien.

« Nous allons partir, je vais prendre Malo.

– Non !

– Tu devrais l'écouter, papa. Pour une fois que la pute dit quelque chose d'intelligent ! Je ne suis pas un monstre, j'ai pensé à tout. »

Et tout en caressant les cheveux de son frère, elle leur expose son projet :

« Papa et moi, nous vivrons tous les deux, c'est ce qu'il préfère, c'est lui qui l'a dit. Hein, papa ? »

Il la regarde sans dire un mot.

– Je ne suis pas un monstre, je t'ai dit. Il faut que Malo te connaisse. Alors, j'ai pensé à une chose. Je veux bien partir en colonie pendant la moitié des vacances scolaires. J'ai vu qu'il y en avait où on pouvait faire du cheval. J'aimerais bien faire du cheval, moi. J'avais une copine, Stéphie, tu t'en souviens, hein ? Elle faisait du cheval à Monduit. Ça lui plaisait bien, alors je suis sûre que ça me plaira à moi aussi, enfin, j'espère... Comme ça, tu pourras passer du temps avec eux. »

Julien, ne reconnaissant pas sa fille, lance un regard douloureux à Ségolène. Elle lui fait signe d'accepter. Il s'y refuse et cherche une façon de sortir de cette situation inimaginable. Il doit gagner du temps et calmer Lalie. Elle ne peut pas basculer ainsi dans la violence, c'est impossible.

Lalie l'observe en silence, tandis qu'il tourne et retourne mille solutions dans sa tête. S'avancer et lui prendre le couteau pourrait être dangereux pour Malo et pour elle. C'est hors de question. Il faudrait qu'elle le lâche d'elle-même. Mais dans ce cas, si elle a effectivement posé les jalons d'une dénonciation calomnieuse, les enfants leur seront enlevés, ne serait-ce que le temps de l'enquête. Il sait pertinemment que ni lui ni Ségolène ne pourront le supporter.

Il avance d'un pas.

Lalie appuie de nouveau sur le cou de Malo, qui recommence à pleurer.

Ségolène pousse un hurlement. Julien crie :

« D'accord, d'accord ! Ils vont partir, mais ne lui fais pas de mal, s'il te plaît. Ne lui fais pas de mal ! »

Lalie le regarde en souriant et abandonne le couteau.

« Mais, papa, je ne lui ferai pas de mal. C'est mon petit frère. »

Épilogue

Jeudi 12 mars.

Julien est assis dans le salon d'un minuscule deux-pièces loué à la hâte, à Bois-Colombes. Il n'a pas trouvé mieux, enfin, il n'a pas essayé de chercher non plus. Il a été au plus pressé.

Les légers sillons qui parsemaient son visage se sont creusés. C'est un homme las qui n'est plus que l'ombre de celui qu'il était quelques semaines auparavant. Ses journées se ressemblent et se suivent, inexorablement, entre le travail et sa fille.

Lorsqu'elle est à l'école ou chez des amies, il vole, parfois, un peu de temps pour le passer avec Ségolène et Malo ; mais ceux-ci le laissent insatisfait, triste, et ancrent encore plus profondément en lui la solitude qu'il ressent au quotidien. Dès qu'un poste se libérera, il demandera sa mutation pour le collège de Ségolène, à moins que ce ne soit elle qui vienne dans le sien. Rien n'est vraiment planifié.

Pour le moment, l'unique chose qui les préoccupe est la façon de sortir de cet imbroglio.

Laure n'est plus leur alliée ou tout du moins, elle n'est plus la sienne. La soudaine séparation du couple n'a fait qu'étayer les soupçons qu'elle avait à son égard, et ce, en dépit des explications de sa sœur. Elle a néanmoins cédé à ses supplications en sursoyant à un éventuel signalement.

Il regarde Lalie. Elle est assise à ses côtés, les yeux rivés sur la télé, attentive. Il se montre prudent en sa présence. Elle a parfois des accès de colère qui s'en vont aussi rapidement qu'ils sont apparus. Il a noté qu'elle semblait obsédée par les couleurs. Il fait donc en sorte d'être à jour dans les lessives. C'est encore une chose qu'il a dû apprendre à la hâte. Il ne s'était jamais intéressé à l'intendance domestique jusqu'alors.

Ses pensées se bousculent et s'entrechoquent systématiquement lorsqu'il est avec Lalie.

Il n'arrive pas à mettre des mots sur les sentiments qui s'affrontent à son sujet. Il l'aime et la déteste simultanément. Elle lui fait peur.

Lui et Ségolène ont une épée de Damoclès au-dessus de la tête. Il y a les soupçons de Laure et ceux de l'institutrice de Lalie. Elle a sollicité un rendez-vous à la suite d'un devoir rendu par la fillette. Il n'a pas répondu. Pas encore. Il en est incapable, d'ailleurs, que pourrait-il dire ? Lalie a essayé de donner une explication rationnelle à Mme Kaplan, mais la graine a été semée. Il faudra du temps avant que ce doute ne soit effacé.

En attendant, il est à la merci d'une gosse de 10 ans. Non. D'un monstre. Il lui arrive d'avoir d'atroces pensées à son sujet. Elles sont, certes, fugaces, mais apparaissent de plus en plus fréquemment. Il les craint, tant elles sont contraires à l'homme qu'il est… À celui qu'il était.

Il se sert un troisième verre de whisky sous le regard désapprobateur de Lalie. Elle n'aime pas qu'il boive. Il le sait, mais c'est l'unique chose qu'il lui reste lorsque sa femme et son fils ne sont pas là. Mais quelle femme ? Quel fils ?

Le président est à l'écran et Lalie n'en perd pas une miette. Elle a toujours aimé écouter les adultes parler. Il ignore si elle se nourrit de leurs mots ou de la musique de ceux-ci. Lorsque l'allocution est terminée, Julien éteint la télé, en silence. Rien ne pourrait transcrire ce qu'il ressent, à ce moment précis.

Lalie lui demande :

« Je n'ai pas tout compris, papa. Qu'est-ce que c'est un confinement ? »

Il la regarde tristement :

« Ça veut dire qu'à partir de lundi, tu n'iras pas à l'école et que nous n'aurons pas le droit de quitter l'appartement. »

Lalie se tourne vers lui, lui sourit et dit :

« On va pouvoir passer toutes nos journées, rien que tous les deux. C'est bien, ça, hein, papa ? »

Notes de l'auteur

J'ai hésité longuement avant d'écrire ce roman. Cette thématique me trottait dans la tête depuis pas mal de temps. En effet, j'ai grandi avec des romans, des films ou des séries qui mettaient parfois en scène de « dangereux psychopathes », et curieusement, ce qui me posait souvent question, c'était leur enfance. Certains avaient vécu des choses horribles dans leur jeunesse qui, si elles n'excusaient en rien leurs actes, permettaient d'expliquer leurs déviances. Mais qu'en était-il des autres ?

En faisant quelques recherches, j'ai lu que l'on ne pouvait parler de sociopathie ou de psychopathie avant 18 ans. Est-ce à dire que ces pathologies arrivent dans la nuit qui sépare les 17 ans de la majorité ?

L'héroïne de ce thriller, Eulalie, n'a pas été inspirée par une enfant de mon entourage. Une chance ! Elle est le fruit de mon imagination, tout comme cette histoire.

Remerciements de l'auteur

Avant de commencer à écrire, je me demandais l'intérêt de ces remerciements. C'est vrai quoi ! Pourquoi écrire ce que l'on pourrait dire à voix haute ? J'ai trouvé ma réponse. Je vais vous la livrer parce que, de toute façon, si vous commencez à les lire, ces remerciements, il y a fort à parier que vous irez jusqu'au bout. J'ai envie de noter ces noms sur le papier parce que j'aime à me dire que, lorsque je ne serai plus là, quelques-uns de mes livres me survivront. Si c'est le cas, ce serait bien que l'on sache que certaines personnes m'ont, directement ou indirectement, aidée.

Il y a mes bêta-lecteurs de choc : Nathalie Lebel, Robin Verhote, Isabelle David et Isabelle Villain. Livrer son manuscrit à l'état brut n'est pas simple, mais bénéficier des conseils sincères de personnes de qualité est une vraie chance. Merci à vous.

J'ai la chance, comme tous les membres de la *team* Taurnada, d'avoir deux éditeurs, Joël et Patricia, au top. Toujours à l'écoute de mes questions existentielles. L'autre cheville ouvrière est Sonja, qui relie, corrige et fournit un travail colossal.

Il y a ma famille : mes parents, mon frère et mes 3 enfants qui m'encouragent dans tout ce que je fais, mais il y a surtout Stéphane, mon époux. Il m'est précieux.

Il y a enfin trois femmes, à qui j'ai dédié ce roman. Elles sont à la fois mes amies et mes sœurs de cœur. Elles ne se connaissent pas, ou peu, et n'ont jamais été toutes trois réunies. Leur point commun ? Ce sont les plus proches, celles à qui je peux tout dire et qui peuvent tout me dire (sans que je me vexe plus de sept minutes), car elles sont les seules, hormis ma famille, en qui j'ai pleinement et inconditionnellement confiance. Il y a, par ordre d'apparition dans ma vie :

Laurence. Nous nous sommes connues en seconde et avons partagé de nombreux moments de bonheur, de tristesse aussi. Elle aime parler, j'aime écouter… nous nous complétons parfaitement.

Christiane. Elle, c'est mon excessive, ma passionnée, mon émotive. Nous pouvons passer des heures à refaire le monde autour d'un verre pendant que la maisonnée dort.

Nathalie. C'est ma confidente, mon alter ego. J'espère lui rendre ne serait-ce que le quart de ce qu'elle m'apporte. Sa créativité et sa sensibilité artistique me touchent au plus profond.

Toutes les trois, je vous aime.

Merci à vous, lecteurs, d'être là. Écrire et publier un livre, équivaut à lui donner naissance. Le lire, c'est le faire grandir.

Vous avez une question à poser à l'auteur ?
N'hésitez pas.

magalicolletauteure@gmail.com

COLLECTION
LE TOURBILLON DES MOTS

Sacha Erbel	*La mort est parfois préférable*
David Ruiz Martin	*Requiem des ombres*
Christophe Royer	*La Quatrième feuille*
Xavier Massé	*30 secondes*
Isabelle Villain	*De l'or et des larmes*
Magali Collet	*Les Yeux d'Iris*
Estelle Tharreau	*Les Eaux noires*
Christian Guillerme	*Transaction*
David Ruiz Martin	*Seule la haine*
Noël Boudou	*Et pour le pire*
Christophe Royer	*Une Arête dans la gorge*
Isabelle Villain	*À pas de loup*
Xavier Massé	*Némésis*
Estelle Tharreau	*La Peine du bourreau*
Mehdy Brunet	*Goliat*
Christian Guillerme	*Urbex Sed Lex*
Magali Collet	*La Cave aux poupées*
Tito Desforges	*La Machine à brouillard*
Isabelle Villain	*Blessures invisibles*
Noël Boudou	*Benzos*
Christophe Royer	*Lésions intimes*
Xavier Massé	*L'Inconnue de l'équation*
Gaëlle Perrin-Guillet	*Haut le chœur*
Estelle Tharreau	*Mon ombre assassine*
Isabelle Villain	*Mauvais genre*
Éric Oliva	*Le Vase rose*
Mehdy Brunet	*Le Fruit de ma colère*
Estelle Tharreau	*De la terre dans la bouche*
Estelle Tharreau	*L'Impasse*
Estelle Tharreau	*Orages*
Florent Marotta	*Le Visage de Satan*
Mehdy Brunet	*Sans raison*

Cet ouvrage a été imprimé par

Novoprint

Achevé d'imprimer en septembre 2022

Taurnada Éditions
38, chemin du Candéou
06530 Peymeinade

www.taurnada.fr

Dépôt légal : octobre 2022
ISBN : 978-2-37258-108-0

Imprimé en Espagne